O QUE É A REALIDADE?

O QUE É A REALIDADE?

REFLEXÕES EM TORNO DA OBRA DE STÉPHANE LUPASCO

Basarab Nicolescu

Tradução de
Marly Segreto

Centro de Estudos Marina e Martin Harvey
Editorial e Comercial Ltda
1ª edição - São Paulo - 2012

Título original:
Qu'est-ce que la réalité?
2009 © Liber, Montréal

Tradução: Marly Segreto
Revisão: Ruth Cunha Cintra e Vitoria Mendonça de Barros
Capa, editoração eletrônica: Casa de Tipos Bureau e Editora Ltda.
Imagem da capa: Shutterstock

Edição patrocinada por Vitoria Maria Mendonça de Barros

Dados Internacionais de Catalogação na Publicação (CIP)
(Câmara Brasileira do Livro, SP, Brasil)

Nicolescu, Basarab
O que é a realidade?: reflexões em torno da obra de Stéphane Lupasco / Basarab Nicolescu; tradução de Marly Segreto. -- São Paulo: TRIOM, 2012.
Título original: Qu`est-ce que la réalité?: réflexions autour de l`oeuvre de Stéphane Lupasco.
Bibliografia.
ISBN 978-85-85464-87-5
1. Filosofia romena 2. Lupasco, Stéphane - 1900-1988 - Crítica e interpretação 3. Realidade
I. Título

12-04456 CDD-194

Índice para catálogo sistemático:
1. Lupasco: filosofia romena 194

Para Anne

Sumário

Capítulo 2

Capítulo 3

Capítulo 4

Introdução

A palavra "realidade" é uma das mais prostituídas em todos os idiomas do mundo. Todos nós acreditamos saber o que é a realidade, mas, se nos interrogarmos, descobriremos que há tantas acepções dessa palavra quanto habitantes sobre a terra. Não é, então, surpreendente que inumeráveis conflitos agitem incessantemente os indivíduos e os povos: realidade contra realidade.

É uma espécie de milagre que, nessas condições, a espécie humana ainda exista. A explicação é relativamente simples: uma crença estatística sobre o que é a realidade em um dado momento é criada como resultado – inconsciente – da tecnociência. Desse modo, o conceito de realidade dominante no último século fundamentava-se na ciência clássica. Ele nos assegurava de que nós vivíamos em um mundo racional, determinista e mecanicista, destinado a um progresso ilimitado. O espantoso acontecimento de 11 de setembro de 2001 fez voar em pedaços essa crença da modernidade. Mas, como nossa capacidade de esquecimento é infinita, atualmente nós retornamos a ela.

No entanto, a tripla revolução que atravessou o século XX – a revolução quântica, a revolução biológica e a revolução informática – deveria modificar profundamente a nossa visão da realidade.

Neste livro, torno minha a afirmação feita, em 1948, por Wolfgang Pauli, prêmio Nobel de Física e um dos fundadores da mecânica quântica: "(...) a formulação de uma nova ideia de realidade é a tarefa mais importante e a mais árdua de nosso tempo".[1] Mais de sessenta anos depois, essa tarefa continua inacabada.

Para ilustrar essa busca trago, como caso exemplar, a obra de Stéphane Lupasco (1900-1988). Sua filosofia do terceiro incluído é importantíssima no caminho rumo a um novo conceito de realidade. Mas ela assume todo o seu sentido ao entrar em diálogo com minha própria abordagem transdisciplinar, baseada na noção de níveis de realidade, noção que introduzi em 1982.

Tive o privilégio de partilhar da amizade de Lupasco de 1968 até a sua morte. Este livro desejaria prolongar nossas trocas intelectuais e espirituais para além desse termo. O que significa dizer que este livro não é um livro sobre Lupasco, mas em torno de Lupasco, considerado não como "mestre a ser pensado", mas antes como um "mestre a ser repensado" em favor do século XXI, segundo a bela formulação de Jean-François Malherbe.[2] De fato, o pensamento de Lupasco é um sistema aberto, submetido a um perpétuo questionamento construtivo. Ele nos ajuda a avançar rumo a uma sabedoria em conformidade com os maiores desafios de nosso século.

No primeiro capítulo, ofereço ao leitor não familiarizado com o pensamento de Lupasco uma visão panorâmica de sua obra.

O segundo capítulo está centrado na noção de terceiro incluído.

Os níveis de realidade são introduzidos no terceiro capítulo, que aborda o problema da relação entre sujeito e objeto dentro da abordagem transdisciplinar.

No quarto capítulo, estabeleço um diálogo entre Jung,

---

[1] Carta de Pauli a Fierz, 12 de agosto de 1948, em K. von Meyenn, *Wolfgang Pauli. Wissenchaftlicher Briefwechsel*, Band IV, Teil I, *1940-1949*, Berlin: Springer, 1993, p. 559.

[2] Comunicação particular, 9 de setembro de 2004.

Pauli e Lupasco em torno do problema psicofísico.

O quinto capítulo está centrado na relação complexa entre Stéphane Lupasco e Gaston Bachelard.

O sexto capítulo é dedicado às relações de Lupasco com o mundo da arte e, mais particularmente, a sua relação com André Breton, Georges Mathieu e Salvador Dali.

No sétimo capítulo, analiso o papel do terceiro incluído na gênese do Teatro do Absurdo de Eugène Ionesco, e também suas relações com a psicanálise e com a morte.

O oitavo capítulo é consagrado ao difícil problema de Deus.

Os capítulos nove ao onze são dedicados à relação de Lupasco com Benjamin Fondane, Emil Cioran, Raymond Abellio e Edgar Morin.

Após minhas conclusões, a última parte do livro fornece uma riquíssima bibliografia de Stéphane Lupasco, e isso não por puro gosto pelas referências, mas para colocar à disposição dos pesquisadores e dos jovens estudantes um instrumento de trabalho indispensável.

Expresso meus agradecimentos a Jean-François Malherbe, que esperou com paciência e confiança o difícil nascimento deste livro, e às Éditions Liber por ter acolhido este texto.

Capítulo 1

A obra de Stéphane Lupasco: visão panorâmica

"(...) quem considera a contradição... considera o mundo."
Stéphane Lupasco, *Les trois matières*

A física quântica contém o germe de uma revolução conceitual sem precedentes na época moderna. Não se trata apenas de alterar nossa imagem do mundo, e sim de reconhecer um potencial de vida e de transformação que diz respeito ao nosso mundo, ao nosso universo e, em última instância, ao nosso próprio lugar no universo. Esse fato foi plenamente percebido pelos físicos que fundaram a física quântica – Planck, Einstein, Bohr, Heisenberg, Pauli, Schrödinger, Fermi, Dirac, Born, de Broglie: seus debates apaixonados e apaixonantes provam amplamente que eles estavam conscientes de haver tocado em algo que ultrapassava de longe o quadro estreito da física.

No entanto, seus debates permaneceram, em larga medida, num âmbito restrito. A filosofia contemporânea, excessivamente tributária ao seu fundamento literário, teve dificuldade em admitir que a ciência – essa parente pobre, essa mosca áptera* (como é chamada pelo historiador das religiões Ioan P. Couliano[1]) – pudesse contribuir para o conhecimento do próprio homem. Além disso, a compreensão das eventuais consequências da física quântica exigia um esforço de assimilação de um formalismo matemático complexo, esforço ao qual os filósofos de ofício, devido a sua própria formação, não estavam preparados.

Não é, pois, surpreendente que as primeiras tentativas de formulação de uma visão quântica do mundo tenham sido efetuadas à margem do movimento filosófico contemporâneo, graças aos trabalhos de um físico (Niels Bohr), de um engenheiro (Alfred Korzybski) e de um epistemólogo com formação científica (Stéphane Lupasco). Pode-se assim constatar o surgimento, na primeira metade do século XX, de três direções principais: (1) a de Bohr, convencido de que o princípio de complementaridade podia constituir o ponto de partida de uma nova epistemologia, abrangendo tanto a física quanto a biologia, a psicologia, a história, a política ou a sociologia;[2] (2) a de Korzybski, propondo um sistema de pensamento não aristotélico, com uma infinidade de valores;[3] (3) a de Lupasco, baseada na lógica de antagonismo energético.

Nesse contexto, os trabalhos de Stéphane Lupasco ocupam um lugar à parte. O princípio de complementaridade representava uma base muito restrita e a abordagem de Korzybski, apesar de importantes contribuições para a compreensão das estruturas da linguagem, continuava muito vaga e

* N.T. Áptera: que não possui asas.

[1] I. P. Couliano, *Eros et magie à la Renaissance* [Eros e magia no Renascimento], Paris: Flammarion, 1984, p. 237-245.

[2] N. Bohr, *Essays 1958-1962 on Atomic Physics and Human Knowledge*, New York: Interscience, 1963; ver também G. Holton, *L'imagination scientifique* [A imaginação científica]. Paris: Gallimard, 1981, p. 124-129.

[3] A. Korzybski, *Science and Sanity*, Lakeville (Conn.): The International Non-Aristotelian Library, 1958 (1ª ed. 1933); ver também G. Bachelard, "La logique non aristotélicienne", *La philosophie du non. Essai d'une philosophie du nouvel esprit scientifique* ["A lógica não aristotélica", A filosofia do não. Ensaio de uma filosofia do novo espírito científico]. Paris: PUF, 1940, p. 127-134.

não preditiva. Lupasco foi o único que conseguiu identificar uma lei de invariância que permitiu, em princípio, a unificação dos diferentes campos do conhecimento.

Decididamente, Lupasco não era um filósofo "da moda", como enfatizava o pintor Georges Mathieu.[4] A despeito de seus quinze livros e do fato de artistas, cientistas, pensadores e homens de cultura da qualidade de Gaston Bachelard, Benjamin Fondane, Gilbert Durand, Edgar Morin, Henri Michaux, André Breton, Salvador Dali, Georges Mathieu, René Huyghe, Yves Barel, Thierry Magnin ou André de Peretti terem reconhecido a importância de seus trabalhos, Lupasco continuava sendo um filósofo ignorado. Um importante congresso internacional *"Stéphane Lupasco: l'homme et l'œuvre"* foi realizado, em março de 1998, no Institut de France. Em seguida a esse congresso, um livro coletivo trouxe à luz toda a atualidade da filosofia de Lupasco.[5]

Não temos a intenção de aqui apresentar uma exposição didática da obra de Lupasco. O leitor interessado por uma apresentação sistemática de suas ideias poderá consultar a tese de doutorado de Marc Beigbeder ou a monografia de Gérard Moury.[6] Nós nos limitamos à análise de alguns aspectos da visão de Lupasco sobre a natureza da realidade e de suas consequências na vida do homem de hoje.

---

[4] G. Mathieu, *L'abstraction prophétique* [A abstração profética], Paris: Gallimard,"Idées", 1984, p. 83; ver também p. 63, 85-86, 89, 91, 129, 144, 331.

[5] H. Badescu e B. Nicolescu (dir.), *Stéphane Lupasco, L'homme et l'oeuvre* Mônaco: Rocher,"Transdisciplinarité", 1999 [*Stéphane Lupasco: o Homem e a Obra*. São Paulo: TRIOM, 2001]; ver igualmente B. Nicolescu,"Stéphane Lupasco (1900-1988)", em *Encyclopædia Universalis*, Paris, 1989, seção"Vies et portraits"; B. Nicolescu,"Stéphane Lupasco (1900-1988)", em *Encyclopédie Philosophique Universelle*, t. 3, *Les oeuvres philosophiques*, Paris: PUF, 1992.

[6] M. Beigbeder, *Contradiction et nouvel entendement* [Contradição e novo entendimento]. Paris: Bordas, 1972; G. Moury, *Stéphane Lupasco: pour une Nouvelle Logique – la logique dynamique du contradictoire* [Stéphane Lupasco: por uma Nova Lógica – a lógica dinâmica do contraditório], Paris: Institut National de Recherche et de Documentation Pédagogiques, 1976.

A ciência, a invariância e a universalidade

A convicção de que os resultados mais gerais da ciência devem ser integrados em toda abordagem filosófica atravessa, como um eixo, a totalidade da obra de Lupasco: "(...) nenhuma teoria, nenhuma doutrina, nenhuma concepção... não é mais verdadeiramente possível ignorando-se os dados da experiência científica, que inunda tudo, e, por outro lado, nós não podemos extrair quase nada das aquisições teóricas do conhecimento constituído, porque elas não mais respondem (...)".[7]

Uma das melhores ilustrações da lógica antagonista de Lupasco é fornecida pela evolução histórica, no tempo, de seu próprio pensamento filosófico. Esse pensamento se apresenta sob o duplo signo: da descontinuidade em relação ao pensamento filosófico constituído e da continuidade (escondida, pois inerente à própria estrutura do pensamento humano) em relação à tradição. Ele tem como dupla fonte: a lógica dedutiva, forçosamente associativa; e a intuição, que não é associativa. Enfim, em um nível mais apurado, pode-se trazer à tona essa abordagem antagonista a partir das grandes etapas que marcaram a constituição da filosofia de Lupasco. O princípio de dualismo antagonista foi plenamente formulado, em 1935, em sua tese *Du devenir logique et de l'affectivité*.[8] Seu ponto de partida foi uma meditação aprofundada sobre o caráter contraditório do espaço e do tempo, revelado pela teoria da relatividade restrita de Einstein, teoria que constituiu

---

[7] S. Lupasco, *Les trois matières* [As três matérias], Paris: UGE,"10/18", 1970, p. 58.

[8] S. Lupasco, *Du devenir logique et de l'affectivité* [Do devir lógico e da afetividade], vol. I, *Le dualisme antagoniste et les exigences historiques de l'esprit* [O dualismo antagonista e as exigências históricas do espírito], vol. II, *Essai d'une nouvelle théorie de la connaissance* [Ensaio de uma nova teoria do conhecimento], Paris: Vrin, 1935, 2ª ed. 1973; *La physique macroscopique et sa portée filosofique* [A física macroscópica e seu alcance filosófico], Paris: Vrin, 1935 (tese complementar).

o apogeu da física clássica. As noções de atualização e de potencialização já estavam presentes, ainda que elas só tenham se tornado precisas gradualmente no nível da compreensão, assim como no nível terminológico.

Um segundo passo foi dado com *L'expérience microphysique et la pensée humaine*, editado em 1940. Aí, Lupasco assimilou e generalizou o ensinamento da física quântica através de uma verdadeira visão quântica do mundo.

As relações de Heisenberg ofereceram um esclarecimento extremamente impressionante sobre a dinâmica das partículas quânticas. Segundo a interpretação de Lupasco, a atualização da localização espacial acarreta a potencialização da quantidade de movimento, e a atualização da localização temporal acarreta a potencialização da extensão em energia. O conceito de identidade de uma partícula, no sentido clássico do termo, não tem mais validade, então, no mundo quântico.

A contradição entre a identidade e a não-identidade – contradição inerente ao mundo do infinitamente pequeno, ao mundo das partículas – foi aceita por Lupasco como um dado inevitável da experiência e como indício de uma relação reveladora entre progresso e contradição: "(...) a ciência somente progride porque tanto a experiência como o pensamento colidem incessantemente com as contradições".[9] Essa aceitação resultava de um ato de coragem intelectual e moral diante de um mundo fortemente dominado pela imagem do realismo clássico. É preciso ressaltar que até mesmo os pais fundadores da física moderna, com exceção, em certa medida, de Pauli, Heisenberg e Bohr, não ousaram dar esse passo. Lupasco apreendeu, em toda a sua amplitude, o alcance universal da descoberta de Planck: "Certamente, não há problema mais

[9] S. Lupasco, *L'expérience microphysique et la pensée humaine* [A experiência microfísica e o pensamento humano]. Paris: PUF, 1941, p. 1 (uma edição preliminar foi publicada em 1940, em Bucareste, pela Fundatia Regala pentru Literatura si Arta). Na edição francesa, o capítulo "Considerações preliminares" da edição romena foi suprimido.

enigmático que o do surgimento dos quanta. Como essa ideia prodigiosa da quantificação* teria atravessado o cérebro de Planck? Trata-se aí de um acontecimento psicológico e histórico que tem sua origem... nos redemoinhos metafísicos mais longínquos do pensamento e do destino dos homens." Ele via nessa súbita emergência da descontinuidade o sinal que anunciava uma mudança no curso da história: "A intuição de Planck (...) é semelhante a alguns desses breves, modestos e incompreensíveis atos históricos que modificam, por muito tempo, o curso dos eventos humanos". Lupasco sentiu-se, então, fundamentado para formular a questão capital, a da extrapolação de uma ideia científica à realidade em sua globalidade: "A quantificação que é, para nós, precisamente a introdução irresistível – e inconsciente – da contradição no seio dos fatos microfísicos... deveria ser estendida, *assim compreendida,* a todos os fatos?".[10] O conceito de antagonismo contraditório que surgiu da ciência pode, em troca, esclarecer alguns aspectos obscuros da própria ciência: "Se (...) nos decidirmos a introduzir no pensamento científico a noção de antagonismo contraditório (...) compreenderemos como um campo, enquanto contínuo homogêneo, está sempre ligado a um corpúsculo, enquanto descontínuo engendrado por uma exclusão heterogeneizante (...)".[11]

Em *L'expérience microphysique et la pensée humaine,* Lupasco apreendeu também a importância filosófica do *princípio de exclusão* de Pauli, verdadeiro princípio de individuação no mundo evanescente das partículas. Uma partícula é definida como um conjunto de propriedades intrínsecas, denominadas números quânticos, e uma certa energia/impulso está associada a ela. As partículas podem ser classificadas em férmions – partículas de *spin* semi-inteiro (o elétron ou o próton, por exemplo), e bósons – partículas de *spin* inteiro

* N.T. Quantificação no sentido da mecânica quântica.

[10] *Ibid.* edição romena, p. 20, 7 e 14.

[11] S. Lupasco, *Les trois matières, op. cit.,* p. 30-31.

(por exemplo, o fóton ou o píon). O princípio de Pauli postula que dois férmions, mesmo que tenham os mesmos números quânticos (eles são, então, idênticos), excluem-se, no entanto, mutuamente. Em outras palavras, não pode haver mais de um férmion em um estado quântico determinado. É desse modo (pela aplicação desse princípio ao caso dos elétrons) que a riqueza dos elementos químicos observados na natureza é engendrada. O princípio de Pauli introduz, portanto, uma diferença na identidade suposta das partículas, uma tendência rumo à heterogeneização em um mundo que parece superficialmente destinado à homogeneização.

Finalmente, o último passo decisivo foi dado em 1951, com *Le principe d'antagonisme et la logique de l'énergie*, que representa o ensaio de uma formalização axiomática da lógica do antagonismo. Essa formalização foi importante para a cristalização do pensamento de Lupasco, pois ela introduziu, um rigor, uma precisão, sem os quais esse pensamento poderia ser considerado como um imenso devaneio, fascinante mas nebuloso. Há um medo instintivo, que vem das profundezas de nosso ser, diante da aceitação do princípio do *terceiro incluído* – existe um terceiro termo T que é ao mesmo tempo A e não-A –, pois essa aceitação pareceria pôr em dúvida nossa própria identidade, nossa própria existência. Esse medo é até mesmo encontrado na linguagem científica. As relações de Heisenberg foram denominadas, erroneamente, de relações de incerteza. Elas são antes relações de certeza, pois cálculos precisos, baseados nessas relações, são verificados experimentalmente, desde a dimensão do átomo até os parâmetros técnicos dos grandes aceleradores de partículas. De maneira análoga, Lupasco mostrou que a aceitação do princípio do terceiro incluído, longe de conduzir à imprecisão, ao arbitrário, ao caos, conduz a um formalismo lógico preciso e preditivo.

Concluindo, a filosofia de Lupasco toma como ponto de partida a física moderna e a lógica axiomática, o que a singulariza no contexto atual. Os resultados mais gerais da ciência podem e devem ser integrados às próprias bases de uma abordagem filosófica, caso, verdadeiramente, a natureza não seja um acidente da existência. Nesse sentido, a filosofia de Lupasco é bastante inovadora, abrindo um caminho cuja importância ainda não pode ser avaliada. Essa filosofia parte da ciência e, em seguida, retorna à ciência, para fertilizá-la, para enobrecê-la por meio de uma visão unificada do mundo, o que só pode acelerar as grandes descobertas científicas.

Mas uma grande objeção poderia ser formulada imediatamente: como a filosofia, em seu desejo de estabilidade e de permanência, poderia aceitar como fundamento a ciência, que se encontra num estado de perpétua efervescência, de contínua mudança? Mas não foi justamente Lupasco quem dizia: "A aventura experimental da ciência de nosso século é como um tufão que varre tudo em sua passagem – inclusive as teorias científicas... daqueles mesmos que as iniciam e que as alimentam irresistivelmente"?[12] A objeção é importante e não deve ser evitada.

Essa objeção se desfaz com uma análise detalhada da filosofia de Lupasco, que ultrapassa de longe, por suas generalizações, o quadro estreito da física. É verdade que a filosofia de Lupasco parte dos resultados mais gerais da ciência contemporânea, mas ela tenta extrair desses resultados o que é ainda mais geral, numa busca de invariância e de universalidade. E é, por sinal, nessa *invariância,* nessa busca de *leis gerais* que atravessam todas as escalas e que governam os fenômenos em todas as escalas, que reside, em minha opinião, o parentesco íntimo entre a filosofia de Lupasco e a tradição. Segundo Lupasco, a invariância é a lógica da energia.

---

[12] S. Lupasco, *Le principe d'antagonisme et la logique de l'énergie. Prolégomènes à une science de la contradiction* [O princípio de antagonismo e a lógica da energia. Prolegômenos a uma ciência da contradição], Paris: Hermann,"Actualités Scientifiques et Industrielles", 1951.

O terceiro incluído

O terceiro incluído não significa, de modo algum, que se possa afirmar uma coisa e seu contrário, o que, por anulação recíproca, destruiria toda possibilidade de predição e, portanto, toda possibilidade de abordagem científica do mundo.

Trata-se bem mais de reconhecer que, em um mundo de interconexões irredutíveis (como o mundo quântico), executar uma experiência ou realizar uma interpretação dos resultados experimentais equivale, inevitavelmente, a um recorte do real que afeta o próprio real. A entidade real pode, desse modo, mostrar aspectos contraditórios que são incompreensíveis e até mesmo absurdos do ponto de vista de uma lógica baseada no postulado "*ou* isso *ou* aquilo". Esses aspectos contraditórios deixam de ser absurdos dentro de uma lógica fundada sobre o postulado "*e* isso *e* aquilo", ou antes, "*nem* isso *nem* aquilo".[13]

O desenvolvimento rigoroso de seu formalismo axiomático conduziu Lupasco a postular a existência de um terceiro tipo de dinâmica antagônica, que coexiste com a da *heterogeneização* que governa a matéria viva e com a da *homogeneização* que governa a matéria física macroscópica. Esse novo mecanismo dinâmico serve de base para a existência de um estado de equilíbrio rigoroso, exato, entre os polos de uma contradição, no qual a semiatualização e a semipotencializa-

---

[13] B. Nicolescu, *"Le tiers inclus – De la physique quantique à l'ontologie"* [O terceiro incluído. Da física quântica à ontologia], em H. Badescu e B. Nicolescu (dir.), *op. cit.*, p. 113-144; B. Nicolescu,"Levels of complexity and levels of reality", em B. Pullman (dir.), *The Emergence of Complexity in Mathematics, Physics, Chemistry, and Biology*, Proceedings of the plenary session of the Pontifical Academy of Sciences, 27-31 Outubro 1992,Vatican: Pontificia Academia Scientiarum, 1996 (distribuído por Princeton University Press); B. Nicolescu,"Gödelian aspects of nature and knowledge", em G. Altmann e W. A. Koch (dir.), *Systems. New Paradigms for the Human Sciences*, Berlin e New York: Walter de Gruyter, 1998; B. Nicolescu,"Hylemorphism, quantum physics and levels of reality", em D. Sfendoni-Mentzou (dir.), *Aristotle and Contemporary Science*, New York: Peter Lang, 2000, p. 173-184.

ção são estritamente iguais. Esse estado, chamado por Lupasco de *estado T* ("T" sendo a inicial do "terceiro incluído"), caracteriza o mundo microfísico, o mundo das partículas. A nova dinâmica age como uma verdadeira força conciliadora entre a heterogeneização e a homogeneização. A estrutura binária homogêneo/heterogêneo que parecia ser a do antagonismo energético é, desse modo, substituída por uma *estrutura ternária*, cujas consequências gerais sobre o plano conceitual foram analisadas pelo próprio Lupasco em *Les trois matières*. As consequências dessa estrutura ternária em relação ao diálogo entre a ciência e a religião foram exploradas e essas investigações são bastante estimulantes.[14]

Por que o terceiro incluído foi um escândalo intelectual?

O desenvolvimento da física quântica, assim como a coexistência entre o mundo quântico e o mundo macrofísico conduziram, no plano da teoria e da experiência científicas, ao surgimento de pares de contraditórios mutuamente exclusivos (A e não-A): onda e corpúsculo, continuidade e descontinuidade, separabilidade e não-separabilidade, causalidade local e causalidade global, simetria e quebra de simetria, reversibilidade e irreversibilidade do tempo etc.

O escândalo intelectual provocado pela mecânica quântica consistiu no fato de que os pares de contraditórios que ela evidenciou são, efetivamente, mutuamente contraditórios

---

[14] M. Camus, T. Magnin, B. Nicolescu e K.-C. Voss, "Levels of representation and levels of reality: towards an ontology of science", em N. H. Gregersen, M. W. S. Parsons e C. Wassermann (dir.), *The Concept of Nature in Science and Theology (part II)*, Genève: Labor et Fides, 1998, p. 94-103; T. Magnin, *Entre science et religion. Quête de sens dans le monde présent* [Entre ciência e religião. Busca de sentido no mundo presente], Mônaco: Rocher, "Transdisciplinarité", 1998; H. R. Pagels, *The Cosmic Code*, New York: Bantam Books, 1983, p. 155.

quando analisados através da grade de leitura da lógica clássica. Essa lógica é baseada em três axiomas: (1) o axioma de identidade: A é A; (2) o axioma de não-contradição: A não é não-A; (3) o axioma do terceiro excluído: não existe um terceiro termo T que seja ao mesmo tempo A e não-A. Na hipótese da existência de um único nível de realidade, o segundo e o terceiro axiomas são, evidentemente, equivalentes. Isso talvez explique por que, até mesmo nos manuais de lógica, o axioma do terceiro excluído é raramente mencionado enquanto axioma independente dos de identidade e de não-contradição.

Aceitando-se a lógica clássica, chega-se imediatamente à conclusão de que os pares de contraditórios postos em evidência pela física quântica são mutuamente exclusivos, pois não se pode afirmar ao mesmo tempo a validade de uma coisa e o seu contrário: A e não-A. A perplexidade gerada por essa situação é bem compreensível: seria possível afirmar, em sanidade de espírito, que a noite é o dia, o preto é o branco, o homem é a mulher, a vida é a morte?

No entanto, no plano social, a lógica do terceiro excluído age como uma verdadeira lógica de exclusão: o bem ou o mal, a direita ou a esquerda, as mulheres ou os homens, os ricos ou os pobres, os brancos ou os negros. Seria revelador empreender uma análise da xenofobia, do racismo, do antissemitismo ou do nacionalismo à luz da lógica do terceiro excluído.

Atualmente, nós vivemos em pleno escancaramento obsceno do pensamento binário. A lógica binária da verdade absoluta e da falsidade absoluta age com uma falta de pudor de causar perplexidade. "A luta do Bem contra o Mal", "Deus está conosco!", são os tantos *slogans* que fazem as massas ferverem em aprovação e culminam nessa incrível afirmação que retoma, sem o saber, um *slogan* leninista bem conhecido: "Quem não está conosco está contra nós!"

É interessante ressaltar a inversão que o pensamento totalitário opera em relação à afirmação do Novo Testamento:

"Efetivamente, quem não está contra nós está a nosso favor" (São Marcos 9, 40). Em sua epístola aos Romanos (8,31), São Paulo explica o sentido dessa afirmação: "Irmãos, se Deus está a nosso favor, quem estará contra nós?" O pensamento totalitário, mesmo o de natureza religiosa,[15] é um pensamento *sem* Deus. Em nome de Deus, mata-se Deus. Ali, onde o Novo Testamento é inclusivo, o totalitarismo é exclusivo.[16] Encontra-se aí o imenso desafio contemporâneo da aceitação ou da não-aceitação do Terceiro.

O assassinato da transcendência é a culminação do pensamento binário. O relativo torna-se um absoluto de tal maneira que se pode afirmar simultaneamente qualquer coisa e seu contrário. Os adversários agiriam, cada um, "em nome de Deus"? Que Deus? Haveria tantos Deuses quanto religiões?

A lógica da energia seria uma lógica quântica?

A partir da constituição definitiva da mecânica quântica, por volta de 1930, os fundadores da nova ciência se questionaram com acuidade sobre o problema de uma nova lógica, conhecida por "quântica". Em 1936, Birkhoff e von Neumann apresentaram uma primeira proposta de tal *lógica quântica*. Desde então, houve um número significativo de trabalhos (Mackey, Jauch, Piron etc) dedicados ao estudo de uma formulação coerente de uma lógica quântica.

A ambição de tal lógica era resolver os paradoxos engendrados pela mecânica quântica e tentar chegar, na medida do possível, a um poder preditivo mais forte do que o obtido com a lógica clássica. Seu estatuto continua, ainda hoje, ambíguo:

---

[15] P. Sloterdijk, *La folie de Dieu. Du combat des trois monothéismes* [A loucura de Deus. Do combate dos três monoteísmos], Paris: Libella-Maren Sell, 2008.

[16] Sou grato a Jean-François Malherbe por haver chamado minha atenção para esse aspecto (comunicação particular, 13 de janeiro de 2009).

duvida-se de seu poder preditivo e até mesmo de sua existência, enquanto teoria geral das inferências válidas.[17] A situação foi bem resumida por Pagels: "a maioria dos físicos, assim como dos não físicos, hesita em abandonar sua maneira habitual, booleana* de pensar (...) que é calcada na maneira pela qual a linguagem usual corresponde ao mundo da experiência. Eles suspeitam que a adoção de uma lógica quântica, não booleana, seja uma espécie de artifício que atribui a inquietante estranheza quântica à sua cabeça mais do que ao mundo físico, ao qual, segundo eles, essa estranheza pertence (...)".[18]

A maioria dos lógicos quânticos modificou o segundo axioma da lógica clássica – o da não-contradição – introduzindo a não-contradição com vários valores de verdade no lugar daquela do par binário (A, não-A). Essas lógicas multivalentes, cujo estatuto é ainda controvertido quanto ao seu poder preditivo, não consideraram uma outra possibilidade: a modificação do terceiro axioma – o do terceiro excluído.

Foi mérito histórico de Lupasco o de haver afirmado que a lógica do terceiro incluído é uma verdadeira lógica, formalizável e não-contraditória. Lupasco havia tido razão cedo demais. A ausência da noção de "níveis de realidade" em sua filosofia obscurecia o conteúdo. Muitos acreditaram que sua lógica violava o princípio de não-contradição – de onde veio o nome, um pouco infeliz, de "lógica da contradição" – e que ela continha o risco de infindáveis deslizamentos semânticos. Além disso, o medo visceral de introduzir a noção de "terceiro incluído", com suas ressonâncias mágicas, só fez aumentar a desconfiança em relação a tal lógica: como se poderia conceber um terceiro unificador de A e não-A?

---

* N.T. Referente a George Boole (1815-1864), lógico, matemático e filósofo inglês, criador da lógica baseada em uma estrutura algébrica e semântica, denominada Álgebra de Boole em sua homenagem.

[17] T. A. Brody, "On quantum logic", *Foundations of Physics*, vol. 14, nº. 5, 1984, p. 409-430.

[18] H.R. Pagels, *op. cit.*, p. 155.

Não se pode afirmar que o formalismo axiomático de Lupasco seja *per se* uma lógica quântica, no sentido de que ele poderia ser aplicado diretamente às inferências específicas, detalhadas da mecânica quântica. Ele deveria, inicialmente, ser traduzido para a terminologia da física quântica. Por exemplo, como comentava J. S. Bell, noções como "sistemas observados" e "aparelhos de observação" que medem os "observáveis" devem desaparecer numa teoria quântica fundamental.[19] Bell propõe substituir a noção de *observável* pela de *beable* (o que, numa tradução aproximativa, significa "pode ser capaz de ser"), que parece fazer eco ao conceito de potencialização de Lupasco. Em minha opinião, o formalismo geral axiomático que este último desenvolveu em *Le principe d'antagonisme et la logique de l'énergie* constitui a própria ossatura da lógica quântica.

Bohr, Lupasco e o terceiro incluído

A originalidade da abordagem de Lupasco torna-se ainda mais evidente quando comparada à de Bohr: "É importante reconhecer, de maneira decisiva, que por mais longe que os fenômenos possam transcender o alcance das explicações da física clássica, a descrição de todos os resultados de experiência deve ser expressa em termos clássicos. A razão é simples: por meio da palavra 'experiência' nós nos referimos a uma situação em que podemos dizer a outros homens o que nós fizemos e o que ficamos sabendo; disso resulta que a descrição do dispositivo experimental e dos resultados das observações deve ser expressa numa linguagem despida de ambiguidade, servindo-se convenientemente da terminologia da física clássica".[20] Encontramos aqui a mistura híbrida: física quân-

---

[19] J. S. Bell, *Beables for Quantum Field Theory*, Genève, Organisation Européenne pour la Recherche Nucléaire, CERN-TH, nº 4035, 1984.

[20] N. Bohr, *Physique atomique et connaissance humaine* [Física atômica e conhecimento humano], Paris: Gauthier-Villars, 1961, p. 66-67.

tica/linguagem natural/física clássica, que engendra, pela coexistência dos opostos, paradoxos intermináveis. Seria tão evidente que a linguagem natural seja a única concebível para a transmissão dos resultados de uma experiência? Em todo caso, um compromisso histórico foi traçado progressivamente, consistindo em transferir a contradição do plano do ser para o plano da linguagem, onde, por sinal, ela também tende a se apagar: "Bohr tirou uma conclusão sobre a qual se conhece poucos exemplos na história das ideias, optando por lançar explicitamente um *thema** novo, ou, ao menos, por identificar um *thema* que ainda não havia sido reconhecido, conscientemente, como inerente à física contemporânea", escreve Gerald Holton. "Nesse caso, Bohr propunha aos físicos que admitissem ao mesmo tempo Q e não-Q – mesmo que eles jamais se manifestassem simultaneamente no mesmo plano de investigação. E não se trata mais de transmutar Q e não-Q em alguma entidade nova. Bem mais que isso, eles coexistem sob a forma *ou* Q *ou* não-Q, alternativa decidida a partir da eventual escolha das questões, teóricas ou experimentais, que se pretende fazer".[21]

O deslizamento progressivo da contradição rumo à não-contradição é flagrante na maioria dos físicos por sua interpretação do princípio de complementaridade, nos rastros de Bohr: em que consistiria o "*thema* novo" se "não se trata de

---

* N.T. Segundo Laura Câmara Lima, o conceito de "*thema*" foi inicialmente utilizado por Gerald Holton, ao postular, a partir de suas pesquisas empíricas, a existência do que ele denominou *thema* ou *themata* e que definiu como: "*concepções primeiras* às quais os homens de ciência aderem, que modulam a maneira pela qual a imaginação deles é governada. Trata-se de concepções fundamentais, estáveis, largamente difundidas, comuns a um grande número de cientistas; que se concretizam em conceitos, métodos ou hipóteses, que orientam a atividade de pesquisa e que não podem ser reduzidas nem à observação, nem ao cálculo"; em *Articulação "Themata-Fundos tópicos": por uma análise pragmática da linguagem,* em < http://www.scielo.br/pdf/ptp/v24n2/14.pdf>, acesso em abril/2010.

[21] G. Holton, *L'imagination scientifique* [A imaginação científica], Paris: Gallimard, 1981, p. 98-99.

transmutar Q e não-Q em alguma entidade nova"? E o que significaria dizer: "admitir ao mesmo tempo Q e não-Q" se eles "coexistem sob a forma *ou* Q *ou* não-Q"? É como se fosse dito que a lua nos mostra às vezes uma metade, às vezes a outra. Não há, evidentemente, nada de misterioso ou de novo em tal situação: a complementaridade dos aspectos mutuamente exclusivos dá lugar, pelo deslizamento na linguagem natural, à complementaridade habitual, que é bem mais uma justaposição. Não é, portanto, surpreendente que até mesmo os materialistas dialéticos dogmáticos, tão exigentes em relação aos aspectos "duvidosos" da física quântica, tenham acolhido com satisfação essa interpretação do princípio de complementaridade.

O problema todo é que os fenômenos quânticos nos mostram aspectos de *natureza* diferente: é como se fosse dito que observando a *mesma* metade iluminada da lua seria possível concluir, por meio de uma certa experiência, que se trata de uma parte de um corpo celeste, ao passo que, através de uma outra experiência, se deduziria que certamente não se trata de uma parte de um corpo celeste. Um evento quântico que é *e* continuo *e* descontinuo é um exemplo semelhante.

Paradoxalmente, não foi Bohr, e sim Lupasco quem desvelou as consequências lógicas do princípio de complementaridade, mostrando que se trata de um princípio de contradição, organizador e estruturante de uma nova visão da realidade.

A dialética ternária da realidade

Lupasco centra sua meditação filosófica no conceito de *energia*. Na física clássica, o papel central é desempenhado pela noção de objeto; a noção de energia sendo uma noção derivada, secundária. A física moderna, relativista e quântica, inverteu essa hierarquia. Como vimos, a noção de objeto foi substituída pela de evento, de relação, de interconexão.

O verdadeiro movimento é o da energia. Esse dinamismo energético rege o conjunto dos fenômenos físicos. "Conceber cientificamente a matéria em si como realidade substancial das coisas e não como energia em Potência de formas", observava Ludovic de Gaigneron, "significa condenar-se a nada compreender na 'passagem ao limite' que caracteriza o ato causal e a objetividade da *Imago Mundi* (...)".[22]

De acordo com a lógica formulada por Lupasco, a energia, "em seus constituintes mais fundamentais, possui ao mesmo tempo a propriedade da identidade e a propriedade da diferenciação individualizadora".[23] A manifestação de um fenômeno qualquer é equivalente a uma certa *atualização*, a uma tendência para a identidade, mas essa mesma manifestação implica uma contenção, uma *potencialização* de tudo o que esse fenômeno não é, em outras palavras, da não-identidade. A potencialização não é uma aniquilação, um desaparecimento, mas simplesmente uma espécie de memorização do ainda não manifestado. Muitas polêmicas foram desencadeadas pela introdução do conceito de potencialização por Lupasco, ignorando que esse conceito é uma tradução direta da situação quântica. Na teoria quântica, cada observável físico tem vários valores possíveis, cada valor tendo uma certa probabilidade. Portanto, uma medida poderia dar lugar a vários resultados. Mas, evidentemente, *somente um* desses resultados será obtido efetivamente, o que não significa que os outros valores do observável em questão estejam despidos de todo caráter de realidade. Uma outra faceta do conceito de potencialização, tal como ele se mostra na física quântica, é revelada pela interpretação (analisada anteriormente) feita por Lupasco das relações de Heisenberg. Portanto, o concei-

[22] L. de Gaigneron, *Du métaphysique au physique. Essai de réalisme transcendant* [Do metafísico ao físico. Ensaio de realismo transcendente], Paris: Le Cercle du Livre, 1958, p. 161.

[23] S. Lupasco, *Psychisme et sociologie* [Psiquismo e sociologia], Paris: Casterman, 1978, p. 10.

to de potencialização encontra sua origem na física quântica, mas ele constitui uma generalização que vai bem além do campo da física. Uma consequência imediata da introdução do conceito de potencialização é que a causalidade local (a da atualização) está sempre associada, na abordagem de Lupasco, a uma finalidade antagônica. A causalidade local não existe senão dentro de um campo restrito da realidade. A causalidade global está presente em todas as escalas da realidade. A realidade total não é senão uma perpétua oscilação entre a atualização e a potencialização. A consideração unicamente da atualização conduz, inexoravelmente, a um real truncado. Não há atualização absoluta.

Mas a atualização e a potencialização não são suficientes para uma definição lógica coerente da realidade. O movimento, a transição, a passagem do potencial para o atual não é concebível sem um *dinamismo independente* que implique um equilíbrio perfeito, rigoroso, entre a atualização e a potencialização; equilíbrio este que permite, precisamente, essa transição. De acordo com as próprias palavras de Lupasco, "toda energia não somente possui dinamismos antagônicos, como esses dinamismos são e devem ser tais que a atualização de um implique a potencialização do outro, ou ainda, que ambos estejam em duas trajetórias, da passagem do potencial ao atual e do atual ao potencial, rumo à ou simultaneamente em um estado de igual potencialização e de igual atualização, um em relação ao outro (...)".[24]

A realidade possui, então, segundo Lupasco, uma *estrutura ternária*. Na análise científica de um *sistema* físico, biológico, sociológico ou psíquico, certamente devemos procurar evidenciar seu *antissistema*, seu sistema contraditório (e a ciência é rica em achados desses "antissistemas"). Mas um trabalho bem mais delicado é necessário para que seja evidenciado esse evanescente terceiro termo, que se encontra no estado T de equilíbrio rigoroso entre os contraditórios (aliás,

[24] S. Lupasco, *Les trois matières*, *op. cit.*, p. 19-20.

mesmo na filosofia de Lupasco, a noção de estado T somente apareceu tardiamente, por volta de 1950, no momento da elaboração de seu formalismo axiomático).

A física, a biologia, a sociologia ou a psicologia apenas estão, nessa direção, em seus balbucios. E como nos impedirmos de pensar que é justamente nessa direção que descobertas capitais poderão ser feitas nas décadas por vir, caso, verdadeiramente, o dinamismo energético do estado T, submetendo-se ao que Lupasco chama de *ortodedução quântica,* seja o próprio substrato da realidade?

Um esclarecimento diferente da estrutura ternária da filosofia de Lupasco pode ser obtido considerando-se as noções de *homogeneização* e de *heterogeneização,* introduzidas por ele. A homogeneização é o processo dirigido para o idêntico, para uma acumulação contínua de todos os sistemas em um mesmo estado, para uma desordem total, para a morte concebida como não-movimento. A origem física desse conceito é o segundo princípio da termodinâmica (ou princípio de Carnot-Clausius) que indica que, no que diz respeito a um sistema macrofísico fechado, há um aumento da entropia, um crescimento da desordem, uma degradação da energia em direção ao calor. No mundo microfísico, a homogeneização rege a evolução das partículas, como os fótons, que não se submetem ao princípio de exclusão de Pauli: elas podem se acumular indefinidamente dentro de um mesmo estado quântico. "O universo, portanto, se extingue na luz", escreve Lupasco. Seria preciso acrescentar: se não houvesse a contradição. Com efeito, segundo a lógica de Lupasco, a homogeneização e a heterogeneização encontram-se numa relação de antagonismo energético. A heterogeneização é o processo dirigido para o diferente. Ela é resultante, enquanto conceito, do princípio de exclusão de Pauli, que age como dinamismo de individuação. Uma heterogeneização absoluta conduz para uma ordem estática, em que todo movimento está ausente, para a morte devido à extrema diferenciação. Para que o movimento seja possível, é preciso que o homogêneo e o heterogêneo coexistam: "Para que os dinamismos possam ser antagonistas, é preciso que sua natureza energética participe simultaneamente do homogêneo e do heterogêneo (...)". *O antagonismo heterogeneização/homogeneização é, assim, um dinamismo organizador, estruturante.* Lupasco observa com exatidão que "exclusão não quer dizer (...) anarquia, precisamente porque ela implica a heterogeneização em luta com as forças de homogeneização, e, portanto, um antagonismo *organizador* (...), visto que ele é (...) a condição e o princípio formador de toda sistematização (...)".[25]

Novamente, o par antagônico heterogeneização/homogeneização não é suficiente para assegurar o movimento. Um terceiro dinamismo é necessário, implicando o equilíbrio perfeito, rigoroso, entre o homogêneo e o heterogêneo (e que não é, portanto, nem homogêneo nem heterogêneo).

A lógica axiomática de Lupasco extrai, então, três orientações privilegiadas, três dialéticas: uma *dialética de homogeneização,* uma *dialética de heterogeneização* e uma *dialética quântica.* Lupasco utiliza o termo *tridialética* para caracterizar a estrutura de seu pensamento filosófico; termo que exprime a estrutura ternária, tripolar (homogêneo/heterogêneo/estado T) de toda manifestação da realidade, a *coexistência* desses três aspectos inseparáveis em todo dinamismo acessível ao conhecimento lógico, racional.

Em um sentido aproximativo, se poderia falar de três lógicas,[26] mas trata-se mais de três orientações privilegiadas de uma única e mesma lógica. A tridialética de Lupasco, tendo sua origem na física quântica, constitui, no entanto, uma grade geral de leitura de fenômenos de uma ampla diversidade. Além disso, a presença do princípio de terceiro incluído determina um parentesco rico em múltiplas consequências entre a abordagem de Lupasco e o *pensamento simbólico.*

---

[25] *Ibid.*, p. 66, 72 e 35.

[26] P. Ioan, *Stéphane Lupasco e ses trois logiques* [Stéphane Lupasco e suas três lógicas] Iasi: edições da Fondation Stéphane Lupasco, 2000 (em romeno).

Fatos tão distantes da física quântica, como os etnográficos ou antropológicos, encontram na filosofia de Lupasco uma possibilidade de interpretação coerente. O testemunho de Gilbert Durant é, nesse sentido, significativo: "Nossa investigação empírica desembocava sobre um plano de classificação de imagens, regido também por três princípios, e (...) Stéphane Lupasco, sem passar pela mediação da investigação etnográfica ou da investigação antropológica (...), estabelecia um sistema de lógica com (...) três termos que coincide, aproximadamente, com as 'três lógicas' que Roger Bastide e eu mesmo constatamos em nossa pesquisa antropológica. Assim, a coerência (isotopismo) concreta dos símbolos no seio de constelações de imagens revelava também esse sistema dinâmico de 'forças de coesões' antagônicas, cujas lógicas não constituem senão a formalização".[27]

Engendramento e dinâmica dos sistemas: a sistemogênese de Lupasco

Os dinamismos antagônicos, em seus variados equilíbrios, engendram os *sistemas*. Esses sistemas representam a estruturação da energia; a percepção por meio dos órgãos dos sentidos sendo apenas uma aparência, uma ilusão: "Mais difícil ainda (...)", escreve Lupasco, "é acreditar realmente, viver a convicção teórica de que todos os objetos que nos cercam (...) não têm nada de 'material', no sentido muitas vezes milenar e instintivo da noção de matéria, e que eles são (...) unicamente manifestações e sistematizações mais ou menos resistentes da energia (...)". Essa convicção é, por sinal, apenas teórica. O núcleo e os elétrons de um

[27] G. Durand, *L'imagination symbolique* [A imaginação simbólica], Paris: PUF, "Quadrige", 1984, p. 95-96; ver também G. Durand,"L'anthropologie et les structures du complexe"[A antropologia e as estruturas do complexo], em H. Badescu e B. Nicolescu (dir.), *op. cit.*, p. 61-74.

átomo ocupam um lugar ínfimo em relação à dimensão do átomo e, não obstante, são eles que determinam a massa do átomo. Nós somos feitos, nesse sentido, de vazio, mas de um vazio pleno, de um vazio quântico, energético: "É a resistência relativa dos sistemas de eventos, que são eles próprios apenas relações energéticas (...), que confere à nossa representação sensível essa impressão de realidade física consistente e opaca que nós chamamos de matéria".[28] O vazio, no sentido de "nada", é incompatível com a lógica do antagonismo energético.

Um conceito mais apurado de matéria é assim definido na filosofia de Lupasco. O antagonismo energético implica um encadeamento ilimitado de contraditórios: "Dois dinamismos antagônicos engendram um sistema, esse sistema (...) implicará um sistema antagônico da mesma ordem; esses dois sistemas implicarão um sistema de sistemas antagônicos, e assim por diante, de acordo com o que denominamos a *sistemogênese* (...)",[29] escreve Lupasco.

A contribuição de Lupasco ao desenvolvimento do pensamento sistêmico (ainda que ele prefira o termo *sistemologia* ao invés de *sistêmica*) é considerável.[30]

As três matérias

A estrutura ternária de sistematizações energéticas se traduz pela estruturação de três tipos de matéria, que não

---

[28] S. Lupasco, *Les trois matières, op. cit.*, p. 38 e 15.

[29] *Ibid.*, p. 75.

[30] Y. Durand, "L'apport de la perspective systémique de Stéphane Lupasco à la théorie des structures de l'imaginaire e à son expérimentation" [A contribuição da perspectiva sistêmica de Stéphane Lupasco à teoria das estruturas do imaginário e a sua experimentação] e G. Lerbet, "L''Univers psychique' et la pensée complexe" [O "Universo psíquico" e o pensamento complexo], em H. Badescu e B. Nicolescu (dir.), *op. cit.*, respectivamente p. 75-92 e p. 93-112.

estão isoladas, separadas: "A matéria não parte do 'inanimado' (...) para se elevar, pela biologia, de complexidade em complexidade, até o psiquismo e mesmo para além dele: seus três aspectos constituem (...) três orientações divergentes, em que uma, do tipo microfísico (...) não é uma síntese das duas, mas antes sua luta, seu conflito inibidor".[31] A conclusão de que toda manifestação, todo sistema comporta um triplo aspecto – macrofísico, biológico e quântico (microfísico ou psíquico) – é, certamente, surpreendente e rica em múltiplas consequências.

Lupasco jamais afirmou que o mundo microfísico *é* o mundo psíquico. Ele simplesmente evidenciou o *isomorfismo* entre esses dois mundos devido ao fato de que nada neles é de uma atualidade (realidade) absoluta e de que nada neles é de uma potencialidade (irrealidade) absoluta. Lupasco jamais disse que a alma se encontra no elétron ou no próton, ou no múon, ou no píon; afirmação que seria, aliás, absurda, pois das centenas de partículas conhecidas umas são tão fundamentais quanto as outras. O mundo microfísico e o mundo psíquico são duas manifestações *diferentes* de um mesmo dinamismo tridialético. Seu isomorfismo – semelhante àquele considerado por Pauli e Jung – é assegurado pela presença contínua, irredutível, do estado T em toda manifestação. Ludovic de Gaigneron chegava a uma conclusão semelhante: "Resulta que o essencial do Sujeito, assim como o do Objeto, deve subsistir em uma esfera sintética onde se conciliam a afirmação e a negação de um espetáculo do qual a ciência dissocia somente o *aspecto negativo*. Sua meditação exaustiva sobre o divisível culmina, com efeito, em um *nada* de objetividade (...). Mas por que a natureza desse 'nada de espaço' seria incompatível com o 'nada de espaço' de onde brota consciência humana?".[32]

[31] S. Lupasco, *Les trois matières, op. cit.*, p. 52.

[32] L. de Gaigneron, *L'image ou le drame de la nullité cosmique* [A imagem ou o drama da nulidade cósmica], Paris: Le Cercle du Livre, 1956, p. 184-185.

Frequentemente, a tridialética de Lupasco foi considerada como uma variante da dialética de Hegel, ignorando-se, por um lado, o papel fundamental do estado T enquanto mecanismo dinâmico independente e, por outro lado, a *coexistência a cada instante* das três polaridades distintas e contraditórias em cada manifestação. A noção de sistema em Lupasco é claramente diferente da de síntese em Hegel: "Lupasco bem mostrou, com efeito", escreve Gilbert Durand, "que se trata muito mais de um *sistema,* no qual subsistem intactas as polaridades antagônicas, do que de uma *síntese,* na qual a tese e a antítese perdem até mesmo sua potencialidade de contradição".[33] Hegel tenta superar/abolir (*aufheben*) as polaridades antagônicas, enquanto que Lupasco tenta, antes de tudo, assumi-las e integrá-las.

Não-separabilidade e unidade do mundo

Alguém poderia crer, superficialmente, que o antagonismo, a luta dos contraditórios implica a separação. E o inverso é que é verdadeiro. A lógica formal de Lupasco conduz, de maneira inevitável, à *não-separabilidade*: "Não há qualquer elemento, evento, ponto no mundo que seja independente, que não esteja numa relação qualquer de ligação ou de ruptura com um outro elemento, ou evento, ou ponto, a partir do momento em que há mais de um elemento, ou evento, ou ponto no mundo (...). Tudo, então, está ligado no mundo (...) caso o mundo, evidentemente, seja lógico (...)".[34] Essa afirmação não é um postulado, mas um *resultado* que todo leitor familiarizado com a lógica de Lupasco poderá verificar por si mesmo. Esse resultado é compreensível até mesmo intuitivamente: se todo sistema implica a existência de um sistema antagônico, resulta que dois siste-

[33] G. Durand, *L'imagination symbolique, op. cit*, p. 71.

[34] S. Lupasco, *Le principe d'antagonisme et la logique de l'énergie, op. cit.*, p. 70.

mas quaisquer estarão ligados por uma certa cadeia de sistemas antagônicos. O antagonismo energético é, portanto, uma visão da unidade do mundo, unidade dinâmica, unidade de encadeamento ilimitado dos contraditórios baseada em uma estrutura ternária universal.

A saga da antimatéria

A física sobre a qual está baseada a filosofia de Lupasco é, essencialmente, aquela anterior a 1950. Uma evolução considerável no plano teórico e experimental ocorreu desde então, sobretudo na física das partículas elementares.

No momento da publicação de *L'expérience microphysique et la pensée humaine*, havia somente algumas partículas conhecidas. Atualmente, há algumas centenas de partículas que são igualmente fundamentais, tanto umas quanto as outras, do ponto de vista de suas interações. Essas partículas estão muito longe da imagem de objetos estáveis e harmoniosos. Os eventos se apresentam experimentalmente bem mais como uma criação/aniquilação contínua de partículas. A física das partículas confirma, plenamente, a visão do antagonismo energético do ponto de vista qualitativo. Ela confirma que "a contradição é um princípio de concentração e de intensificação da energia" e que "um sistema é tanto mais resistente quanto é mais difícil as suas forças antagônicas escaparem ao equilíbrio acarretado por sua igual intensidade".[35] O mundo das partículas aparece, desse modo, como uma das manifestações experimentais possíveis do estado T postulado por Lupasco.

O potencial da visão lupasciana do antagonismo energético revela-se de maneira espetacular na descoberta experimental das antipartículas, que conduzem ao conceito de antiuniverso ou de antimatéria. É preciso logo esclarecer que a palavra "antimatéria" presta-se a confusão,

---

[35] S. Lupasco, *Les trois matières*, *op. cit.*, p. 48 e 20.

pois os sistemas formados de antipartículas são também de matéria. Trata-se de uma pura convenção. Chama-se o próton, por exemplo, de partícula e o antipróton aparece, então, como sua antipartícula. Mas também se pode chamar o antipróton de partícula e, então, o próton aparece como sua antipartícula. O que é essencial é o fato de que as partículas e as antipartículas encontram-se ligadas por uma sutil relação de antagonismo energético entre a massa e a energia. Se tivermos à nossa disposição uma certa quantidade de energia, poderemos produzir, a partir dessa energia, um par partícula/antipartícula. Reciprocamente, quando uma partícula encontra uma antipartícula, produz-se um desaparecimento dessas entidades, uma aniquilação, acompanhada pela produção de uma certa quantidade de energia.

Quando uma porção de matéria encontra-se em presença de uma porção de antimatéria, elas aniquilam-se reciprocamente desprendendo uma imensa quantidade de energia, muito maior do que a correspondente à energia atômica. Razão pela qual, mesmo que haja em alguma parte do universo estrelas ou galáxias feitas de antimatéria, nós não poderemos jamais visitá-las. A antimatéria é a matéria mais explosiva concebível atualmente.

É interessante ressaltar que o conceito de antipartícula, que está presente de maneira natural na lógica de antagonismo energético, em seu surgimento encontrou uma resistência flagrante por parte dos físicos. O caso da primeira antipartícula descoberta – o pósitron (ou antielétron) – é exemplar. Seguimos aqui o depoimento de Dirac, que previu teoricamente a existência do pósitron, muito tempo antes dele ter sido observado experimentalmente.

Estudando a equação de onda relativista do elétron, Dirac chegou à conclusão de que um novo tipo de partícula devia estar presente. Ele se deu conta, rapidamente, de que essa nova partícula, que tem uma carga oposta à do elétron, deveria também ter a mesma massa que o elétron.

Mas Dirac hesitou em apresentar sua descoberta: "Eu não ousei postular uma nova partícula nesse momento, pois a opinião da época era contra as novas partículas".[36] De fato, conhecia-se o elétron, portador da eletricidade negativa, e o próton, portador da eletricidade positiva, e isso era considerado suficiente para explicar os dois tipos de eletricidade. Dirac, então, modificou penosamente a sua teoria, apresentando-a como uma teoria dos elétrons e dos prótons, a despeito do fato de que a massa do próton é claramente maior que a do elétron. Foi um matemático, Weyl, que mostrou que a partícula suplementar deve, necessariamente, ter a mesma massa que o elétron e que, portanto, ela deve corresponder a uma nova partícula. Alguns anos mais tarde, essa nova partícula, o pósitron, foi descoberta experimentalmente.

Após a descoberta do pósitron, foi preciso esperar mais de vinte anos para se notar uma outra antipartícula, o antipróton, observada em 1955, no Bevatron* de Berkeley. Nas experiências feitas em laboratório, pôde-se evidenciar, posteriormente, um grande número de antipartículas. Foi possível até mesmo produzir átomos de antimatéria.

Certos bósons (por exemplo, os mésons carregados) também têm suas antipartículas. Até mesmo os quarks têm seus antiquarks e as supercordas suas antissupercordas.

A natureza do espaço/tempo

Um dos aspectos mais desconcertantes e mais fascinantes da filosofia de Lupasco é o estado T. O equilíbrio rigoroso entre a atualização e a potencialização, que acarreta uma

* N.T. Bevatron: acelerador de partículas do Lawrence Berkeley National Laboratory, que começou a operar em 1954 e foi desativado em 1993.

[36] P. A. M. Dirac, *The Prediction of Antimatter (H. R. Crane Lecture)*, Ann Arbor, University of Michigan, 1978, p. 13.

densificação máxima da energia, parece querer indicar, como já explicamos, que nenhuma manifestação direta desse estado em nosso espaço/tempo contínuo é possível: o espaço/tempo associado ao estado T é de uma natureza diferente do espaço/tempo contínuo. Mas, seja qual for o evento energético, ele possui uma estrutura ternária. O estado T deve, necessariamente, coexistir com os estados da manifestação, seja os de tendência heterogeneizante ou homogeneizante. Chega-se assim à conclusão aparentemente paradoxal de que o espaço/tempo contínuo não basta para a descrição da realidade: um espaço mais *amplo*, que englobe de uma maneira ou de outra o espaço/tempo contínuo, deve ser definido. A causalidade local, forçosamente definida no espaço/tempo contínuo, não tem mais validade nesse espaço mais amplo. O próprio tempo contínuo aparece como uma aproximação. Esse estado T seria a origem da indeterminação quântica, da descontinuidade, da não-separação, da não-localidade, das dimensões suplementares da teoria M?

A teoria elaborada por Roger Penrose renuncia à hipótese de continuum espaço/temporal; hipótese que, como escreve o matemático, não tem "nenhuma prova física real".[37] A teoria elaborada por T. D. Lee, prêmio Nobel de Física, é baseada na mesma ideia. A teoria M de superunificação das interações físicas vai ainda mais longe: o espaço/tempo não é mais um conceito fundamental.

A reflexão filosófica de Stéphane Lupasco em relação à natureza do espaço/tempo é muito original. Primeiramente, ele constata, como resultado de sua lógica, a primazia da relação sobre o objeto: "É a operação que engendra o elemento. Os elementos, em suma, apresentam-se como paradas do dinamismo, do devir de uma implicação (...) eles marcam o limite relativo de uma atualização diante da potencialização contraditória (...)".

---

[37] R. Penrose e M. A. H. MacCallum, "Twistor theory: an approach to the quantization of fields and space-time", *Physics Reports*, vol, 6C, nº 4, 1973, p. 243.

Assim, consequentemente, os próprios tempo e espaço são o *resultado* da lógica do antagonismo contraditório.

O tempo é o resultado do movimento, da mudança, do dinamismo lógico: "Quem diz passagem de um estado para um outro, de uma certa quantidade de energia potencial para uma certa quantidade de energia atualizada, diz movimento, diz sucessão, diz tempo". O tempo é, portanto, engendrado pelo conflito entre a identidade e a diversidade "que constitui a própria noção de mudança". O espaço também é um resultado do dinamismo lógico: "Um espaço não é nada mais que a simultaneidade dos eventos ou elementos, como sistemas de sistemas, que engendra a lógica da energia (...)". Mas como se poderia conceber a simultaneidade? "Para que haja simultaneidade e conjunção é preciso (...) que haja elementos ao mesmo tempo idênticos e diversos, e quanto mais a contradição da identidade e da diversidade for fortemente equilibrada, mais elas serão simultâneas, constituindo precisamente essa noção de conjunto (...)."

O *espaço* aparece, então, como uma *conjunção contradicional,* ao passo que o *tempo* aparece como uma *disjunção contradicional*: o espaço e o tempo estão ligados por uma relação de contradição. De acordo com a formulação de Lupasco, "haverá sempre espaço no tempo e tempo no espaço".[38]

A atualização e a potencialização não acontecem no espaço/tempo, é o espaço/tempo que é engendrado pela contradição atualização/potencialização. Assim, "um elemento, um evento, um fenômeno, precisamente devido à sua estrutura lógica (...) não se desenrola no tempo, mas *desenrola um tempo*". Da mesma maneira, "os fenômenos, quaisquer que sejam, não se desenrolam no espaço, mas desenrolam um espaço. Não há objetos no espaço, mas espaço nos objetos; os objetos não são localizados, mas localizam, criam localizações. Tanto o espaço como o tempo

---

[38] S. Lupasco, *Le principe d'antagonisme et la logique de l'énergie, op. cit.*, p. 71, 99, 112 e 114.

são funções dos elementos, ou antes, dos conjuntos, dos sistemas de elementos (...)".[39]

Enfim, cada polo da estrutura ternária homogêneo/heterogêneo/estado T conduz a um espaço/tempo próprio. Consequentemente, o tempo correspondente a uma atualização será necessariamente descontínuo, pois ele resulta da ação concomitante desses três polos com seus espaços-tempos associados: "Todo tempo evolui por solavancos, por saltos, por avanços e recuos, devido à própria constituição da dialética que lhe dá nascimento (...). A temporalidade lógica é, portanto, descontínua (...)".[40] A fecundidade da abordagem lupasciana relativa ao espaço/tempo dentro da música e da literatura é impressionante.[41]

Existiriam constituintes últimos da matéria?

Há uma relação direta entre a natureza do espaço/tempo e o antigo problema dos constituintes últimos da matéria.

Lupasco abordou o problema dos constituintes últimos da matéria desde 1951, muito tempo antes da voga

---

[39] *Ibid.*, p. 101 e 110.

[40] *Ibid.*, p. 105.

[41] No campo musical, ver C. Cazaban, "Le temps de l'immanence contre l'espace de la transcendance: œuvre organique contre œuvre critique" [O tempo da imanência versus o espaço da transcendência: obra orgânica versus obra crítica], em H. Badescu e B. Nicolescu (dir.), *op. cit.*, p. 225-236; C. Cazaban, "Temps musical / espace musical comme fonctions logiques" [Tempo musical / espaço musical como funções lógicas], em H. Dufourt, J.-M. Fouquet e F. Hurard, *L'esprit de la musique. Essais d'esthétique et de philosophie* [O espírito da música. Ensaios de estética e de filosofia], Paris: Klincksieck, 1992; M. Vial-Henninger, *Essai de mythe-analyse du processus de création musicale* [Ensaio de mito-análise do processo de criação musical], Septentrion Presses Universitaires, 1996. Em literatura, ver P. Craciunescu, "L'"état T" et la transcosmologie poétique" [O "estado T" e a transcosmologia poética], em H. Badescu e B. Nicolescu (dir.), *op. cit.*, p. 183-216.

dos quarks. Ele demonstrou que a lógica de antagonismo energético não tolera a existência experimental de um sistema formado por um único par de dinamismos antagônicos; sistema que seria, portanto, o tijolo fundamental do universo: "Não existe sistema experimental que possa ser considerado como simples, primeiro ou elementar, ou seja, como composto de um único e último par de dinamismos antagônicos (...). Todo sistema revela-se como um sistema de sistemas (...)".[42]

A crença nos constituintes últimos da matéria é muito antiga e baseada no bom senso (na acepção macroscópica da palavra). Lupasco mostrou, de modo pertinente, o fundamento metafísico de tal crença baseada no bom senso: "O elemento (...) será sempre, por sua vez, composto de elementos, sempre conterá estruturalmente outros elementos, sem que se possa chegar jamais a um elemento último que significaria (...) a identidade perfeita e a não-contradição absoluta (...) e que reduziria, portanto, toda coisa a um elemento único, em suma, ao UM metafísico".[43]

E, no entanto, o bom senso parecia triunfar. Foi possível mostrar que a matéria é feita de moléculas, que as moléculas são feitas de átomos, foi possível quebrar os átomos, quebrar o núcleo atômico evidenciando suas partículas constituintes e pôde-se até mesmo evidenciar (indiretamente) os quarks. Seria possível ver um dia, em nossos telescópios, algumas supercordas fósseis do Big-Bang? O conceito de constituinte último da matéria é um conceito assintótico*, um conceito limite. A democracia dimensional da teoria M não é compatí-

* N.T. Assintótico: referente a assíntota, do grego *asymptotas,*"que não pode coincidir". Em Geometria Analítica, assíntota significa: tangente a uma curva no infinito; reta limite da família das tangentes a uma curva quando o ponto de tangência tende para o infinito (Novo Dicionário Aurélio da Língua Portuguesa).

[42] S. Lupasco, *Les trois matières, op. cit.*, p. 20-21.

[43] S. Lupasco, *Le príncipe d'antagonisme et la logique de l'énergie, op. cit.*, p. 80.

vel com este conceito.[44] A busca dos constituintes últimos da matéria parece ser infindável.

Seria Lupasco um profeta do irracional?

Alguns comentadores da filosofia lupasciana estão convencidos de que ele viola o axioma de não-contradição. O mal-entendido é criado pela confusão bastante comum entre o axioma de terceiro incluído e o axioma de não-contradição. A lógica do terceiro incluído é não-contraditória, no sentido de que o axioma de não-contradição é perfeitamente respeitado, com a condição de que as noções de "verdadeiro" e de "falso" sejam ampliadas de tal maneira que as regras de implicação lógica não sejam mais referentes a dois termos (A e não-A), mas a três termos (A, não-A e T) que coexistem simultaneamente. Ela é uma lógica formal, a mesmo título que qualquer outra lógica formal: suas regras são traduzidas por um formalismo matemático relativamente simples.

Saber hoje que Stéphane Lupasco é visto como um profeta do irracional é, simplesmente, risível. No fundo, todo o desvio da argumentação de Dominique Terré em seu recente livro *Les derives de l'argumentation scientifique*[45] tem por origem uma terrível confusão: acreditar que a "ciência" significa exclusivamente "predizer" é uma visão obsoleta e falsa. A ciência inclui a compreensão, fundamento de uma certa visão da natureza e da realidade. Ela recorre cada vez mais, em sua

---

[44] Sempre inventivos no plano terminológico, os físicos chamam de "democracia dimensional" a seguinte propriedade, que aparece na teoria de superunificação M (a letra M significa, segundo diferentes autores, "magia", "mistério" ou "membrana", a membrana sendo um objeto estendido, que generaliza a noção de corda vibrante): cada membrana é definida em função de todas as outras membranas. Isso implica que cada dimensão que aparece na teoria física é tão importante quanto todas as outras dimensões.

[45] D. Terré, *Les dérives de l'argumentation scientifique* [Os desvios da argumentação científica], Paris: PUF, 1998.

tentativa de unificação, a seres virtuais, abstratos, o que dá a impressão de irracionalidade àqueles que desejariam reduzir tudo à informação oferecida pelos órgãos dos sentidos e pelos instrumentos de medida. A razão é contraditória por sua própria natureza.[46]

Onde termina o racional e onde começa o irracional? Gilles Gaston Granger distingue, com exatidão, três tipos de irracional: o irracional "como obstáculo, ponto de partida de uma reconquista da racionalidade", "o irracional como recurso, como meio de renovar e de prolongar o ato criador" e, enfim, o irracional "por renúncia" que corresponde a "uma verdadeira rejeição ao racional".[47] Toda a história das ciências testemunha a luta incessante e encarniçada contra o desconhecido, e seria possível afirmar que o desconhecido é a própria fonte do progresso científico. Muitos aspectos que, em certa época, foram considerados como irracionais, bizarros, paradoxais tornaram-se, em seguida, pela abordagem científica, racionais, normais, integrados numa descrição científica coerente. Daí a afirmar que tudo o que existe no mundo é racional, há um passo importante a ser dado, cujas consequências em todos os planos não devem ser subestimadas.

Assim, a visão materialista dialética do mundo nos diz que tudo o que é desconhecido no mundo será um dia desvelado, conhecido. O irracional é, portanto, concebido como um *ponto assintótico*, abstrato, despido de todo caráter de realidade. O que é real é o racional, ou seja, o que é submetido à reprodutibilidade, à experimentação e à compreensão científicas.

Pode-se visualizar essa descrição materialista dialética do conhecimento representando o conhecimento científico

---

[46] J.-J. Wunenburger, *La raison contradictoire. Sciences et philosophie modernes: la pensée du complexe* [A razão contraditória. Ciências e filosofia modernas: o pensamento do complexo], Paris: Albin Michel, 1990.
[47] G. G. Granger, *L'irrationnel* [O irracional], Paris: Odile Jacob, 1998.

por uma esfera, como propõe o físico David Gross[48] (ainda que ele próprio certamente não assuma, ao menos explicitamente, a visão materialista dialética). A *superfície* da esfera é a fronteira entre o conhecido e o desconhecido. A esfera é *compacta*: todos os pontos no interior da esfera representam o que é conhecido em um dado momento. Por meio de seus constantes esforços ao longo de sua história, o homem afasta a fronteira da esfera cada vez para mais longe, num processo infindável. Nesse processo de conhecimento científico, o volume da esfera (logo, o que é conhecido) aumenta e, simultaneamente, a superfície da esfera (logo, a fronteira entre o conhecido e o desconhecido) aumenta também. Mas o volume da esfera aumenta mais rápido que a sua superfície: a *relação* entre o volume e a superfície tende, com o correr do tempo, para o *infinito*, garantindo assim o progresso contínuo e infindável da racionalidade científica. Essa imagem, mais fina e mais sutil do que a que é proposta, tradicionalmente, pelo materialismo dialético leva, contudo, à mesma conclusão: o irracional não tem nenhum valor de realidade.

No entanto, é possível formular, a partir da visão sistêmica e quântica do mundo, uma visão radicalmente diferente, a despeito das analogias superficiais. Tomemos novamente uma esfera como representação do conhecimento científico, mas uma esfera *não compacta*: no interior da esfera do conhecido encontram-se também pequenas esferas representando o desconhecido. No processo de conhecimento científico, as pequenas esferas *diminuem* tanto em volume quanto em superfície, a relação entre o volume e a superfície tendendo, com o correr do tempo, para *zero*. Há, então, também aqui, uma progressão do conhecimento científico no tempo. Mas o desconhecido está continuamente presente, de uma maneira

---

[48] D. Gross, "On the uniqueness of field theories", em C. De Tar, J. Finkelstein e C. I. Tan, *A Passion for Physics*, Proceedings of the G. F. Chew Jubilee, September 29, 1984, New Jersey: World Scientific Publishing Company, 1985, p. 128-136.

irredutível: ele se manifesta por meio dos pontos que estarão presentes, o que quer que se faça, na esfera do conhecido. E não seria possível definir o *sagrado* como sendo, justamente, tudo aquilo que é irredutível em relação às operações mentais? Tudo se passa, no modelo que propomos, como se não houvesse uma oposição, mas uma *cooperação* permanente entre o racional e o irracional, que se manifestam como dois polos contraditórios de uma mesma realidade, que transcende tanto um como o outro. Tudo acontece como se houvesse uma interação mútua, uma transformação recíproca entre o racional e o irracional. O irracional não aparece como um atributo de uma entidade exterior à esfera do cognocível, mas como polo de um dinamismo que o engloba e no centro do qual se encontra o homem. Esse dinamismo é fonte de liberdade, de espontaneidade, de criatividade na evolução dos sistemas naturais.

A imagem que propomos é bastante próxima das conclusões que se desenham na obra de Edgar Morin.[49] Em seu livro *Science avec conscience*, ele ressalta a necessidade de um novo modo de pensar: "Pensar, não é servir a ordem ou a desordem; é se servir da ordem ou da desordem. Pensar não é se desviar da irracionalidade e do inconcebível. É trabalhar apesar de/contra/com a irracionalidade e o inconcebível." Edgar Morin propõe a adoção de um pensamento aberto, que aceita a negociação com o desconhecido, e de um conhecimento que é consciente da ignorância que ele traz. Esse pensamento aberto deve ser necessariamente baseado em uma *nova racionalidade*: "Uma nova racionalidade deixa-se entrever. A antiga racionalidade não procurava senão pescar a ordem na natureza. Pescava-se não os peixes, mas as espinhas.

---

[49] E. Morin, *La méthode* [O método], t. I, *La nature de la nature* [A natureza da natureza], Paris: Seuil, 1977; t. II, *La vie de la vie* [A vida da vida], Paris: Seuil, 1980; t. III, *La connaissance de la connaissance* [O conhecimento do conhecimento], 1, *Anthropologie de la connaissance* [Antropologia do conhecimento], Paris: Seuil, 1986.

A nova racionalidade, permitindo conceber a organização e a existência, permitirá perceber os peixes e também o mar, ou seja, também aquilo que não pode ser pescado".[50]

"O racionalizador necessita do inimigo irracional", disse Edgar Morin na conversa que tivemos em torno da obra de Lupasco, "eles percebem que, cada vez mais, as concepções científicas não correspondem, de modo algum, ao seu padrão, são totalmente ininteligíveis em seu modo de racionalização demasiamente fechado e tendem a dizer: é irracional. Não se vê em que a auto-organização possa ser irracional. Em que Espinoza pode ser bruscamente irracional, em relação aos deístas, por que ele diz que o mundo criou a si mesmo? Há uma espécie de delírio racionalizador que desconhece estar na mais pura desrazão".[51] Não é surpreendente que um poeta como Benjamin Fondane tenha podido se aprofundar mais na obra de Lupasco do que alguns cientistas e filósofos.[52]

Nossa imagem é também próxima da concepção de Max Planck sobre o papel do irracional no conhecimento científico: "A física, como qualquer outra ciência, contém um certo núcleo de irracionalidade, impossível de ser reduzido inteiramente. Entretanto, considerar esse irracional como estando fora da ciência por definição, seria privá-la de todo o seu dinamismo interno. A causa dessa irracionalidade, como a física moderna vem ressaltando de modo cada vez mais claro, reside no fato de que o próprio homem de ciência é uma das partes constitutivas do universo".[53]

À luz das duas imagens do conhecimento científico discutidas acima, se poderia objetar que só existe entre elas uma

---

[50] E. Morin, *Science avec conscience* [Ciência com consciência], Paris: Fayard, 1982, p. 118.

[51] A conversa encontra-se em H. Badescu e B. Nicolescu (dir.), *op. cit.*, p. 43-59.

[52] B. Fondane, *L'être et la connaissance. Essai sur Lupasco* [O ser e o conhecimento. Ensaio sobre Lupasco], Paris: Paris-Méditerranée, 1998.

[53] M. Planck, *Initiations à la physique* [Iniciações à física], Paris: Flammarion, 1941, p. 6.

diferença de palavras. Afinal de contas, a progressão ilimitada do conhecimento científico está presente tanto em uma como na outra. Ambas reconhecem um certo papel do desconhecido, ainda que, para uma, esse papel seja temporário e se desvaneça assintoticamente, enquanto que, para a outra, esse papel esteja continuamente presente (mas uma propriedade assintótica não seria, por definição, irrealizável?). Além disso, não parece haver nelas nenhuma consequência diferente no que diz respeito à predição científica. As duas imagens seriam, então, essencialmente equivalentes.

Essas objeções são justificadas caso se adote como critério exclusivo de realidade a eficácia no plano da materialidade direta. Mas as consequências no que diz respeito à nossa *atitude* em relação ao que conhecemos são radicalmente diferentes nos dois modelos: a vaidade luciférica levando irremediavelmente à destruição em um caso; o respeito pela organização cósmica harmoniosa em que o homem tem seu próprio lugar, no outro caso. Paradoxalmente, a nossa atitude em relação à realidade é um componente inseparável e ativo da própria realidade.

O terceiro vivido

A estrutura ternária da realidade encontra-se inscrita no próprio homem: o centro intelectual representa o dinamismo da heterogeneização; o centro motor, o dinamismo da homogeneização; e o centro emocional, o dinamismo do estado T. A vida inteira do homem encontra-se em uma contínua oscilação entre os três polos do ternário. O dinamismo intelectual (por meio de sua forma truncada, como "mental") pode conduzir à morte devido à extrema diferenciação (o que poderá acontecer caso a ciência venha a ser a única e absoluta religião do homem). O dinamismo motor pode conduzir à morte através da realização da identidade absoluta, não contraditória (o que poderá acontecer se o bem-estar e o conforto material se tornarem a única preocupação do homem). O dinamismo emocional aparece, então, como a salvaguarda da vida.

O mental e o corpo físico acreditam unicamente na existência da atualização, eles têm obsessão pela atualização absoluta. Mas, segundo a lógica de antagonismo de Lupasco, considerar apenas a atualização reduz a realidade a uma realidade truncada, aproximativa, conduzindo à ilusão e à utopia.

As sociedades totalitárias, de tendência homogeneizante, são edificadas sobre a crença na atualização absoluta, sobre a vontade de transformar os contraditórios em contrários. Essas sociedades ignoram que estão destinadas previamente à morte. Caso, evidentemente, o mundo seja lógico. Por outro lado, as sociedades democráticas estão também baseadas na crença na atualização absoluta: a da heterogeneização. A despeito de suas consideráveis diferenças, as sociedades totalitárias e as sociedades democráticas possuem uma característica fundamental comum: a da potencialização progressiva do estado T. Será que, um dia, o mundo conhecerá um novo tipo de sociedade, tridialética, baseada na atualização progressiva do estado T, implicando um equilíbrio rigoroso entre a homogeneização e a heterogeneização, entre a socialização e a realização máxima no plano individual?

As guerras estão baseadas no mesmo fanatismo da atualização absoluta. O desequilíbrio do ternário, a realização que privilegia uma direção ou a outra pela supressão da contradição equivalente, segundo a lógica e a filosofia de Lupasco, contêm uma assustadora patologia. As guerras são, neste sentido, imensas psicoses coletivas.

A filosofia do terceiro incluído surge, então, como uma filosofia da *liberdade* e da *tolerância*. Jean-François Malherbe mostrou, em um estudo muito estimulante, como a interação entre o terceiro incluído e os jogos de linguagem de Wittgenstein poderia ter repercussões importantes na formulação de uma ética contemporânea.[54] Como toda filosofia digna deste nome, para que ela seja operatória, o terceiro incluído deve ser vivido, aplicado na vida diária.

O *terceiro incluído lógico* lupasciano é útil em termos da ampliação da classe de fenômenos sujeitos a serem compreendidos racionalmente. Ele explica os paradoxos da mecânica quântica, em sua totalidade, começando com o princípio da superposição. Indo mais longe ainda, grandes descobertas na biologia da consciência são previstas, caso as barreiras mentais em relação à noção de níveis de realidade desapareçam gradualmente.

---

[54] J.-F. Malherbe, *"Jeux de langage" et "tiers inclus": de nouveaux outils pour l'éthique appliquée* ["Jogos de linguagem" e "terceiro incluído": novos instrumentos para a ética aplicada], Sherbrooke: GGC, 2000; *Le nomade polyglotte.L'excellence éthique en postmodernité* [O nômade poliglota. A excelência ética na pós-modernidade], Montréal: Bellarmin, 2000, p. 163-201.

Capítulo 2

No centro do debate: o terceiro incluído

Le principe d'antagonisme et la logique de l'énergie: prolégomènes à une science de la contradiction é o ensaio de uma formulação axiomática da lógica do antagonismo. O *terceiro incluído* – chave de abóbada da filosofia lupasciana – nele está plenamente presente pela primeira vez na obra de Lupasco. É o terceiro incluído que permite a cristalização do pensamento de Lupasco, introduzindo um rigor e uma precisão sem os quais ele poderia ser visto como um imenso devaneio, fascinante porém nebuloso. Esse rigor e essa precisão explicam a influência, aberta ou subterrânea, da obra de Lupasco na cultura francesa. Mas foi também o terceiro incluído que desencadeou toda uma série interminável de mal-entendidos e uma hostilidade que ia do silêncio embaraçado à exclusão deliberada de Lupasco do mundo universitário e dos dicionários.

O terceiro incluído e a não-contradição

A primeira frase do *Principe d'antagonisme* foi suficiente

para afastar da leitura do livro de Lupasco todo filósofo ou todo lógico normalmente constituído: "O que aconteceria se fosse rejeitado o absolutismo do princípio de não-contradição, se fosse introduzida a contradição, uma contradição irredutível, na estrutura, nas funções e nas próprias operações da lógica?".[1] Esta frase condensa, ainda hoje, o importante mal-entendido concernente à obra lupasciana: a lógica de Lupasco violaria o princípio de não-contradição. Sua filosofia seria, então, marcada com o selo da insignificância e classificada como uma curiosidade barroca no museu de excentricidades intelectuais. Como veremos, Lupasco não rejeitou o princípio de contradição: ele simplesmente pôs em dúvida seu "absolutismo". Mas continuemos nossa viagem ao interior do livro, que considero central para a compreensão da obra.

Lupasco agravou ainda mais a sua situação algumas páginas adiante, onde formula seu "postulado fundamental de uma lógica dinâmica do contraditório": "A todo fenômeno ou elemento ou evento lógico qualquer e, portanto, ao julgamento que o pensa, à proposição que o exprime, ao signo que o simboliza (*e*, por exemplo), deve ser sempre associado, estrutural e funcionalmente, um antifenômeno, ou antielemento, ou antievento lógico, e portanto, um julgamento, uma proposição, um signo contraditório não-*e* (...)".[2] Lupasco especifica que *e* só pode ser potencializado pela atualização de não-*e*, mas não desaparecer. Do mesmo modo, não-*e* só pode ser potencializado pela atualização de *e*, mas não desaparecer.

Pode-se imaginar, muito bem, a perplexidade de muitos lógicos e filósofos diante de tal postulado: se a palavra "proposição" é bem definida em lógica, qual poderia ser a signifi-

---

[1] S. Lupasco, *Le principe d'antagonisme et la logique de l'énergie. Prolégomènes à une science de la contradiction*, Mônaco: Rocher, "L'esprit et la matière", 1987, p. 3 (1ª ed., Paris: Hermann, "Actualités Scientifiques et Industrielles", 1951).

[2] *Ibid.*, p. 9.

cação de palavras como "fenômeno", "elemento" e "evento", pertencentes muito mais ao vocabulário da física do que ao da lógica? E, principalmente, como compreender que um único e mesmo símbolo "*e*" possa significar as quatro palavras ao mesmo tempo? Estaria Lupasco cometendo um grande erro de lógica desde o início de seu livro? Ou estaria fundando uma nova lógica, aberta para a ontologia? A lógica de Lupasco seria, de fato, uma *ontológica*? Não é fácil responder tais questões sem uma leitura atenta do *Principe d'antagonisme* e dos outros livros de Lupasco.

O famoso estado T ("T" do "terceiro incluído") faz sua aparição bem no início do livro. Ele é definido como um estado "nem atual nem potencial". A palavra "estado" refere-se aos três princípios lupascianos – a atualização A, a potencialização P e o terceiro incluído T – subjacentes ao "princípio de antagonismo". No plano formal, *e* e não *e* têm assim três índices: A, P, e T, o que permite a Lupasco definir suas "conjunções contradicionais" ou *quanta lógicos*, fazendo intervir seis termos lógicos indexados: a atualização de *e* é associada à potencialização de não-*e*, a atualização de não-*e* é associada à potencialização de *e*, e o terceiro incluído de *e* é, ao mesmo tempo, o terceiro incluído de não-*e*.[3] Esta última conjunção mostra a situação particular do terceiro incluído. Este terceiro é um *terceiro unificador:* ele unifica *e* e não-*e*. Nós veremos, no próximo capítulo, o sentido profundo dessa unificação não fusional, que é impossível de ser compreendida sem recorrer à noção de "níveis de realidade".

Os três *quanta lógicos* lupascianos são diretamente inspirados na física quântica. Eles substituem as duas conjunções da lógica clássica, fazendo intervir quatro termos lógicos indexados: "se *e* é 'verdadeiro', não-*e* deve ser 'falso'" e "se *e* é 'falso', não-*e* deve ser 'verdadeiro'".

Compreende-se assim – se for feito o esforço de ler com atenção as onze primeiras páginas do *Principe d'antagonisme*

---

[3] *Ibid.*, p. 10 e 11.

– que Lupasco não rejeita o princípio de não-contradição: ele amplia seu campo de validade, do mesmo modo que a física quântica tem um campo de validade mais amplo que o da física clássica. Mas a questão crucial persiste: como se poderia conceber um terceiro unificador de *e* e não-*e*? Ou, segundo as próprias palavras de Lupasco, como se poderia conceber que toda "não-atualização/não-potencialização" possa implicar uma "não-atualização/não-potencialização contraditória"?[4] Aliás, qual poderia ser o sentido da expressão "não-atualização/não-potencialização"?

Um capítulo muito interessante é "La contradiction irrédutible et la non-contradiction relative",[5] onde Lupasco introduz as próprias contradição e não-contradição enquanto termos lógicos. Mas, se estes dois termos são indexados em função de A e P, o índice T está ausente. Em outras palavras, na ontologia lupasciana, não há terceiro incluído da contradição e da não-contradição. Paradoxalmente, a contradição e a não-contradição submetem-se às normas da lógica clássica: a atualização da contradição implica a potencialização da não-contradição e a atualização da não-contradição implica a potencialização da contradição. Não há estado nem atual nem potencial da contradição e da não-contradição. O terceiro incluído intervém, todavia, de uma maneira capital: o quantum lógico que faz intervir o índice T é associado à atualização da contradição, enquanto que os dois outros quanta lógicos, que fazem intervir os índices A e P, são associados à potencialização da contradição. Nesse sentido, a contradição é *irredutível,* pois sua atualização é associada à unificação de *e* e não-*e*. Consequentemente, a não-contradição não pode ser senão *relativa*. Como veremos, o sentido dessas afirmações se esclarece após a introdução dos níveis de realidade e sua incompletude.[6]

---

[4] *Ibid.*, p. 12.

[5] *Ibid.*, p. 14.

[6] B. Nicolescu, *La transdisciplinarité,* Mônaco: Rocher,"Transdisciplinarité", 1996.

A ontológica de Lupasco

Le principe d'antagonisme dissipa um outro mal-entendido: Lupasco não rejeita a lógica clássica, ele a engloba. A lógica clássica é, para ele, "... uma *macrológica*, uma lógica utilitária em larga escala, que tem maior ou menor êxito na prática".[7]

Se Lupasco está de acordo com Ferdinand Gonseth sobre a impossibilidade de um julgamento científico absoluto, ele dele se afasta em termos da compreensão dessa impossibilidade.[8] Para Lupasco, como foi visto, um julgamento científico está intrinsecamente ligado ao julgamento científico antagônico: é essa contradição irredutível, ligada ao próprio sujeito, que é o próprio motor do avanço científico. O progresso científico que operaria por meio de uma contínua aproximação das leis absolutas e imutáveis, é, segundo ele, uma simples ilusão, tenaz, mas sem qualquer fundamento. As próprias leis devem submeter-se à contradição irredutível. "A história da ciência está aí, aliás, para desapontar impiedosamente toda crença em uma verdade absoluta, em qualquer lei eterna".[9] Essa afirmação de Lupasco mereceria ser longamente meditada atualmente, quando, nas pegadas do caso Sokal, vê-se o reaparecimento dos demônios da "verdade absoluta" e das "leis eternas".[10]

Para Lupasco, tudo pode ser reconduzido a *e* ou a não-*e*. "E mais ainda, se for observado agora que *e* e não-*e* (...) não são elementos ou eventos substanciais, suportes finais, termos 'materiais', por assim dizer, de uma relação, mas que eles próprios são sempre relações".[11] As *supercordas* – como

---

[7] S. Lupasco, *op. cit.*, p. 20.

[8] F. Gonseth,"À propos de deux ouvrages de M. Stéphane Lupasco" [A propósito de duas obras de Stéphane Lupasco], *Dialectica*, vol. 1, nº 4, 1947.

[9] S. Lupasco, *op. cit.*, p. 21.

[10] B. Nicolescu, "Scientisme, l'autre affaire Sokal" [Cientificismo, o outro caso Sokal], *Esprit*, nº 7, julho de 2006, p. 194-198.

[11] S. Lupasco, *op. cit.*, p. 36.

aparecem hoje na mais ambiciosa teoria de unificação da física quântica e relativista, e que supostamente representam as partículas e as antipartículas – não são bem mais relações do que elementos substanciais?[12]

O terceiro incluído está associado à *dialética quântica*, a da "contradição atualizada relativamente pelo *possível* ambivalente, pelo *equívoco*". Ela dá acesso à "lógica concreta que reina muitas vezes nas profundezas da 'alma', à lógica mais particularmente 'psíquica'". Aqui, a terminologia é significativa. De fato, para Lupasco, deve haver *isomorfismo* (e não identidade) entre o mundo microfísico e o mundo psíquico. Seu isomorfismo é engendrado pela presença contínua, irredutível do estado T em toda manifestação. A dialética quântica é, segundo as belíssimas palavras de Lupasco, a da "dilatação da dúvida".[13]

A noção de *três matérias* já está presente em *Le principe d'antagonisme*. A dialética quântica dá "nascimento a uma *terceira matéria*, a matéria que poderíamos designar sob o nome de *matéria T*, que seria talvez como que uma matéria-fonte, uma matéria-mãe, espécie de crisol fenomenal quântico de onde jorrariam as duas matérias divergentes, física e biológica (...) e para onde estas últimas retornariam rítmica e dialeticamente, para se desenrolar novamente".[14]

A tridialética lupasciana é uma visão da unidade do mundo, de sua *não-separabilidade*. Lupasco reconcilia-se com a tradição esclarecendo, de uma maneira nova, o antigo princípio de interdependência universal. Mas ele também antecipa, em uma década, o princípio de *bootstrap*, introduzido na física quântica por Geoffrey Chew e segundo o qual cada partícula é o que é porque todas as outras partículas existem

[12] B. Nicolescu, "Relativité et physique quantique" [Relatividade e física quântica], em *Dictionnaire de l'ignorance* [Dicionário da ignorância], Paris: Albin Michel, 1998.
[13] S. Lupasco, *op. cit.*, p. 40 e 63.
[14] *Ibid.*, p. 63.

ao mesmo tempo.[15] Em certo sentido, toda partícula é feita de todas as outras partículas. Não é, então, surpreendente que Lupasco partilhe, com a teoria do *bootstrap*, a ideia de que não pode haver constituintes últimos da matéria.

Não se pode duvidar que, para Lupasco, a ciência, ao menos uma ciência digna deste nome, possui necessariamente um fundamento ontológico. Caso contrário, ela se reduziria a "um processo verbal montado no contato com a sucessão dos fatos".[16] A ontologia lupasciana traz consequências extremamente importantes para nossa compreensão do espaço e do tempo. O terceiro incluído induz a *descontinuidade* do espaço e do tempo. Lupasco chega assim a uma das principais conclusões iniciais da mecânica quântica, mas que não foi levada a efeito na teoria posterior, pois os físicos contentaram-se, com algumas exceções, em sobrepor à mecânica quântica o espaço/tempo contínuo da física clássica, procedimento certamente contestável, mas cômodo. Para Lupasco, tanto o tempo como o espaço são descontínuos. O espaço/tempo quântico é aquele da terceira matéria, dos fenômenos quânticos, estéticos e psíquicos.[17]

Como verdadeiro pesquisador, Lupasco considera, portanto, que seu livro constitui apenas "os prolegômenos a uma ciência da contradição".[18] Assim termina *Le principe d'antagonisme et la logique de l'énergie*.

A lógica do terceiro incluído não é simplesmente uma metáfora para um ornamento arbitrário da lógica clássica, permitindo algumas incursões aventurosas e passageiras no campo da complexidade. Ela é bem mais uma lógica da complexidade e até mesmo, talvez, *sua* lógica privilegiada, por

---

[15] G. F. Chew, "Hadron bootstrap: triumph or frustration?", *Physics Today*, vol. 23, nº 10, 1970; B. Nicolescu, *Nous, la particule et le monde* [Nous, a partícula e o mundo], Paris: Le Mail, 1985, cap. "Le principe de *bootstrap*" [O princípio de *booststrap*], p. 89-110.

[16] S. Lupasco, *op. cit.*, p. 82.

[17] *Ibid.*, p. 116.

[18] *Ibid.*, p. 131.

permitir atravessar, de maneira coerente, os diferentes campos do conhecimento.

A lógica do terceiro incluído não abole a lógica do terceiro excluído: ela somente restringe seu campo de validade. A lógica do terceiro excluído é certamente válida em situações relativamente simples como, por exemplo, a circulação de veículos em uma autoestrada: ninguém sonha em introduzir, em uma autoestrada, um terceiro sentido em relação ao sentido permitido e ao sentido proibido. Por outro lado, ela é nociva em casos complexos, como no campo social e político, por exemplo.

Arrisco-me a predizer que, na próxima década, o terceiro incluído vai fazer sua entrada na vida diária através da construção de calculadores quânticos, que vão marcar a unificação entre a revolução quântica e a revolução na informação. As consequências dessa unificação são incalculáveis.

A criptografia quântica, o teletransporte, os computadores quânticos e o terceiro incluído

As ideias e o formalismo da mecânica quântica foram investidos em outros ramos da física (física nuclear, física das partículas, física atômica e molecular, física do estado sólido e dos meios condensados – neste sentido pode-se falar de uma física quântica), mas também na química, na bioquímica e até mesmo na cosmologia.

Na verdade, os efeitos quânticos não se limitam à escala do infinitamente pequeno. Sistemas macroscópicos como os feixes de laser, o hélio superfluido ou os metais supercondutores apresentam efeitos quânticos em grande escala. Mas, apesar de tudo, o mundo quântico continua a ser, para o grande público, um mundo distante, paradoxal, ambíguo, na fronteira entre o real e o imaginário. E, no entanto, um acontecimento extraordinário foi produzido, justo cerca do final do século XX, como se o conhecimento científico quisesse celebrar, a sua maneira, o centenário do nascimento da mecânica quântica: a passagem repentina das ideias que pareciam reservadas, apenas há alguns anos, aos debates de iniciados – a não-separabilidade, o indeterminismo, a redução do pacote de ondas, as relações de incerteza – para as aplicações práticas no que diz respeito a nossa vida cotidiana. Uma nova teoria, a teoria quântica da informação, veio à luz graças ao feliz e inesperado casamento da teoria da informação com a teoria quântica. Palavras novas como *criptografia quântica, intricação* ou *computadores quânticos* começaram a aparecer nas revistas científicas de maior prestígio. E até mesmo uma palavra como "teletransporte", que fascina a imaginação de leitores de obras de ficção científica ou de jovens espectadores de filmes de ficção científica, fez sua entrada no mundo sério da ciência: o *teletransporte quântico*. Uma verdadeira explosão de publicações sobre esses novos campos foi acompanhada por investimentos financeiros consideráveis. E se o dinheiro estava envolvido, significa que não se trata, seguramente, de metafísica ou de poesia. Do que se trataria?

No centro de todos esses desenvolvimentos encontra-se o princípio de superposição quântica, ilustrado pelo célebre gato quântico de Schrödinger, morto e vivo ao mesmo tempo. Esse gato bizarro está vivo com uma certa probabilidade e morto com uma outra probabilidade, a soma dessas duas probabilidades sendo de 100%. Nenhuma medida em nosso próprio mundo, mostrando-nos claramente que o gato está ou vivo ou morto, pode abolir o que acontece no mundo quântico, onde o gato não está nem morto nem vivo. É precisamente esse princípio de superposição quântica que engendra todos os supostos paradoxos quânticos e as grandes dificuldades de compreensão dos fenômenos quânticos quando eles são vistos através da grade do realismo clássico. Mas o mesmo princípio poderia presidir o nascimento de uma nova espécie de computadores: os computadores quânticos.

O princípio de superposição quântica não pode ser compreendido de outro modo a não ser pelo terceiro incluído. No mundo quântico, a combinação entre o estado "sim" e o estado "não" é um estado físico permitido. Então, não é de se estranhar que, na linguagem da teoria quântica da informação, se fale de portas quânticas como, por exemplo, "a raiz quadrada de 'sim'". Essas portas quânticas vão reger o funcionamento dos calculadores quânticos de amanhã e, particularmente, os futuros mecanismos de pesquisa. Um "Google quântico" vai permitir que a linguagem do terceiro incluído esteja presente em nossa vida diária.

Teria sido um acaso que o primeiro pesquisador a pensar na possibilidade de computadores quânticos tenha sido o físico teórico Richard Feynman, figura emblemática da física do século XX e homem de uma grande abertura de espírito em relação a outros campos do conhecimento?[19] Mas aquele que mostrou efetivamente, em 1985, que tal computador é realizável foi o físico teórico David Deutsch, da Universidade de Oxford.[20]

A ideia fundamental dos computadores quânticos é relativamente simples. Todos sabem que toda informação referente a um texto, uma imagem ou um som é codificada nos computadores pela série de 0 e de 1. A unidade fundamental de informação é o *bit* (palavra que vem do inglês *binary digit*), que pode ter dois valores: 0 e 1. Esse *bit* já é quântico por sua natureza, pois ele significa uma propriedade quântica: um *spin,* uma polarização ou um nível energético. Mas sua leitura, em nossos computadores atuais, é clássica: um *bit* será descrito por um número, dois *bits* por dois, três *bits* por três, n *bits* por n. Sua leitura quântica será radicalmente diferente: o *bit* quântico – ou *qubit* – terá *simultaneamente* os valores 0 e 1, cada valor sendo afetado por uma certa probabilidade. Então, dois *qubits* serão descritos por 4 coeficientes, três *qubits* por 8

[19] R. Feynman,"Simulating physics with computers", *International Journal of Theoretical Physics,* vol. 21, 1982, p. 467.
[20] D. Deutsch, *The Fabric of Reality,* Londres: Penguin Books, 1997.

coeficientes e n *qubits* por n coeficientes. Por exemplo, se n = 50, então 1015 números serão necessários para descrever todos os estados do computador quântico, o que ultrapassa as capacidades de nossos computadores atuais. À proporção que o cálculo vai sendo feito, os estados quânticos são cada vez mais *intricados*: a não-separabilidade quântica desempenha plenamente seu papel. Tudo acontece como se um computador quântico fosse equivalente a um imenso número de calculadores clássicos calculando simultaneamente, cada um em um mundo paralelo ao nosso (interpretação favorita de David Deutsch).

É claro que ainda estamos muito longe da realização efetiva desses computadores quânticos, pois a decoerência ameaça a existência deles. Mas os progressos – ao mesmo tempo teóricos e experimentais – são muito rápidos e esses calculadores poderão fazer sua aparição em nossa vida diária no curso das próximas décadas.

O fenômeno de intricação dos estados quânticos permite a transmissão de uma *mensagem quântica* à distância. *Intricação quântica* significa dizer que o estado quântico de dois objetos deve ser descrito globalmente, sem poder separar um objeto do outro, ainda que eles possam estar espacialmente separados. São obtidas assim correlações entre as propriedades físicas observadas dos dois objetos, que não estariam presentes se fosse possível atribuir propriedades individuais a cada um deles. Mesmo que estejam separados por grandes distâncias espaciais, os dois objetos não são independentes e é preciso considerá-los como um sistema único.

Mas não se trata do teletransporte de um objeto, de uma pessoa ou de uma alma, e sim de propriedades quânticas. Estamos longe de *Star Trek* [Jornada nas Estrelas], mas nós nos encontramos em um mundo igualmente perturbador. O fenômeno de teletransporte quântico foi inventado por Charles H. Bennet e seus colaboradores em 1993 e, alguns anos depois, uma série de experiências de teletransporte quântico foi realizada por Anton Zeilinger e seus colaboradores, na Universidade de Innsbruck, Áustria.[21] O teletransporte quântico põe em jogo três fótons: um fóton mensageiro M, codificado como Alice dentro de um estado específico de polarização, e dois outros fótons intricados A e B. Os fótons M e A são dirigidos para o mesmo aparelho e tornam-se, por sua vez, intricados. M perde sua identidade inicial. O fóton B continua sua rota rumo a Bob, e é ele que vai levar, graças às maravilhosas propriedades quânticas, a mensagem a Bob: a polarização de B será precisamente a de M. Um par mítico faz assim sua entrada no quadro austero das revistas científicas: *Bob* e *Alice*, uma espécie de Adão e Eva quânticos.

O princípio de superposição quântica apresenta consequências importantes na criptografia, termo que designa a elaboração de um código decifrável somente pelo emissor e pelo destinatário. A ideia de uma *criptografia quântica* foi difundida, em 1983-1985, por S. Wiesner, Charles H. Bennet e Gilles Brassard.[22] A primeira experiência de criptografia quântica foi efetuada, por volta de 1990, no laboratório da IBM, cobrindo uma distância de 30 cm. Atualmente, como vimos, as distâncias são da ordem do quilômetro. A particularidade do *código quântico* é que ele é invencível. Qualquer espião que tentasse decifrar a mensagem transmitida entre Alice e Bob encontraria uma mensagem falsa, pois sua própria intervenção aboliria as leis quânticas: o espião não é um objeto quântico e, portanto, não pode entrar no jogo sutil da intricação quântica. Desse modo, seria posto um fim ao pesadelo da violação dos códigos de nossos cartões bancários.

---

[21] C. H. Bennet, G. Brassard, C. Crépeau, R. Josza, A. Peres e W. K. Wooters, "Teleporting an unknown quantum state via dual classical and Einstein-Podolsky-Rosen channels", *Physical Review Letters*, vol. 70, 1993, p. 1895; J.-W. Pan, D. Bouwmeester, M. Daniell, H. Weinfurter e A. Zeilinger, *Nature*, vol. 403, 3 de fevereiro de 2000, p. 515.

[22] Para um exame mais recente sobre a criptografia quântica, ver N. Gisin, G. Ribordy, W. Tittel e H. Zbinde, "Quantum cryptography", *Reviews of Modern Physics*, vol. 74, 2002, p. 145-195.

Indo mais longe ainda, os efeitos quânticos têm até mesmo uma determinada influência em nossa própria vida biológica e psíquica. Como ressaltava o físico Heinz Pagels, um exemplo é "a combinação aleatória de moléculas de ADN no momento da concepção de uma criança, quando as características quânticas da ligação química desempenham um certo papel".[23] Os efeitos quânticos também desempenham, certamente, um papel no funcionamento de nosso cérebro e de nossa consciência.[24]

O mundo quântico e o terceiro incluído não estão, afinal de contas, tão distantes. Eles estão em nós e, brevemente, estarão conosco em nossa vida diária. E se, enfim, o nosso próprio mundo é que fosse o verdadeiro Vale do Espanto?

---

[23] H. R. Pagels, *The Cosmic Code*, New York: Bantam Books, 1983, p. 126.

[24] H. P. Stapp, *Mind, Matter, and Quantum Mechanics*, New York: Springer, 1993; R. Penrose, *Shadows of the Mind: a Searche for the Missing Science of Consciousness*, New York: Oxford University Press, 1995; J. Eccles, *Comment la conscience controle le cerveau* [Como a consciência controla o cérebro], Paris: Fayard, 1997.

Capítulo 3

Níveis de realidade e múltiplo esplendor do Ser

O principal impacto cultural da revolução quântica foi, certamente, o questionamento do dogma filosófico contemporâneo da existência de um único nível de realidade. A revolução quântica desempenhou um papel importante no nascimento de uma nova abordagem, ao mesmo tempo científica, cultural, social e espiritual: a transdisciplinaridade.

O conceito chave da transdisciplinaridade é o de níveis de realidade.[1] A ideia de níveis de realidade impôs-se a mim durante uma estadia no Lawrence Berkeley Laboratory, em 1976, porque eu não compreendia de onde vinha a resistência à unificação da teoria da relatividade com a mecânica quântica. Tal foi o ponto de partida de minha reflexão. Eu trabalhava na época com Geoffrey Chew, o fundador da teoria do *bootstrap*. As discussões que tive com ele e com outros colegas de Berkeley estimularam-me muito para que eu chegasse a formular essa ideia. Foi em Berkeley que comecei a redação

---

[1] B. Nicolescu, *La transdisciplinarité*, Mônaco: Rocher, "Transdisciplinarité", 1996.

de um livro referente aos prolongamentos epistemológicos e filosóficos da física quântica.

Em 1981, fiquei intrigado com a noção de "real velado" de Bernard d'Espagnat,[2] que não me parecia ser uma solução satisfatória para o problema que me preocupava, e decidi tornar pública a minha noção de "níveis de realidade". Introduzi, então, essa noção em um artigo publicado em 1982, na *3e Millénaire*,[3] revista em que Lupasco também colaborava. A formulação desse conceito foi retomada na primeira edição de meu livro *Nous, la particule et le monde.*[4]

Em plena preparação desse livro, compreendi, repentinamente, que essa noção também oferecia uma explicação simples e clara sobre a inclusão do terceiro. Com uma certa apreensão (como um grande criador como ele iria reagir a minha intrusão no território de sua filosofia?), abri-me com Lupasco. Ao invés de uma resistência, houve uma explosão de alegria e Lupasco encorajou-me, com sua proverbial generosidade, a publicar o mais rápido possível a minha descoberta.

Depois, com o correr dos anos, desenvolvi a ideia de níveis de realidade em livros, artigos e conferências. Falecido em 1988, Lupasco não pôde conhecer os desenvolvimentos acelerados da transdisciplinaridade. Justamente um ano antes de sua morte, fundei o Centro Internacional de Pesquisas e Estudos Transdisciplinares (CIRET) e Stéphane Lupasco aceitou, sem qualquer hesitação, figurar entre os membros fundadores. Foi um ato simbólico de uma grande importância, pois Lupasco foi um dos grandes precursores da transdisciplinaridade.

Em 1992, fui convidado, como especialista, para uma sessão da Pontifícia Academia das Ciências, dedicada ao es-

---

[2] B. d'Espagnat, *À la recherche du réel* [Em busca do real], Paris: Gauthier-Villars, 1981.

[3] B. Nicolescu, "Sociologie et mécanique quantique" [Sociologia e mecânica quântica], *3e Millenaire*, nº 1, março-abril 1982, p. 68-77.

[4] B. Nicolescu, *Nous, la particule et le monde* [*Nous*, a partícula e o mundo], Mônaco: Rocher, "Transdisciplinarité", 2002 (2ª ed.).

tudo da complexidade nas ciências. Falei sobre a natureza, considerada sob o ponto de vista da física quântica, e apresentei minha abordagem referente aos níveis de realidade.[5] O grande físico austríaco Walter Thirring, presente no congresso de Roma, apresentou-me um pequeno artigo, ainda inédito, onde encontrei suas importantes considerações sobre a natureza das leis físicas, no caso de níveis diferentes de realidade.[6]

Pouco tempo depois, conheci os trabalhos de Laurent Nottale, físico teórico da Escola Normal Superior de Paris, que formulava a mesma questão que eu, ou seja, "de onde viria a aparente impossibilidade de unificação entre a teoria da relatividade e a mecânica quântica?"[7] Nottale não se propunha a estabelecer passarelas entre as duas teorias, da relatividade e da mecânica quântica. Ele queria uma teoria que não fosse nem a física clássica nem a física quântica, uma terceira teoria, onde se encontrasse, como caso particular e em certas escalas, a mecânica quântica e a mecânica clássica. Tratava-se de um programa, evidentemente, e não de uma teoria acabada. Em seu trabalho encontrei a ideia de níveis, de uma maneira implícita e muito sutil, ou seja, através dos fractais. A ideia de que o próprio espaço/tempo deve ser submetido à relativização de escala estava inteiramente de acordo com meu ponto de vista.

Mas a grande surpresa aconteceu em 1998, quando descobri a obra de Werner Heisenberg, *Philosophie. Le manuscrit*

---

5 B. Nicolescu,"Levels of complexity and levels of reality", em B. Pullman, *The Emergence of Complexity in Mathematics, Physics, Chemistry, and Biology*, Proceedings of the plenary session of the Pontifical Academy of Sciences, 27-31 outubro 1992,Vaticano, Pontifícia Academia Scientarum, 1996 (distribuído por Princeton University Press), p. 393-417.

6 W. Thirring,"Do the laws of nature evolve?", em M. P. Murphy e L. A. O'Neil, *What Is Life? The Next Fifty Years: Speculations on the Future of Biology*, Cambridge: Cambrige Univesity Press, 1995.

7 L. Nottale, *Fractal Space-Time and Microphysics. Towards a Theory of Scale Relativity*, New Jersey: World Scientific, 1992.

de 1942.[8] Esse livro provocou em mim um verdadeiro deslumbramento, porque nele encontrei a mesma ideia de níveis de realidade, sob uma forma diferente, é certo, mas muito fecunda. O livro de Heisenberg teve uma história espantosa: ele foi escrito em 1942, mas só foi publicado em alemão em 1984. E foi traduzido para o francês em 1998. Ainda não há, que eu saiba, uma tradução dessa obra para o inglês.

Os níveis de realidade e o reencantamento do mundo

A noção de níveis de realidade oferece uma explicação simples e clara sobre a inclusão do terceiro. Atribuímos à palavra "realidade" seu sentido ao mesmo tempo pragmático e ontológico. Entendo por realidade, acima de tudo, aquilo que *resiste* às nossas experiências, representações, descrições, imagens ou formalizações matemáticas. A física quântica nos fez descobrir que a abstração não é uma simples intermediária entre nós e a natureza, um instrumento para descrever a realidade, mas uma das partes constitutivas da natureza. Na física quântica, o formalismo matemático é inseparável da experiência. Ele resiste, a sua maneira, tanto por seu cuidado com a autoconsistência interna, como por sua necessidade de integrar os dados experimentais sem destruir essa autoconsistência. A abstração é parte integrante da realidade.

É preciso atribuir uma dimensão ontológica à noção de realidade, pois a natureza participa do ser do mundo. A natureza é uma imensa e inesgotável fonte de desconhecido que justifica a própria existência da ciência. A realidade não é somente uma construção social, o consenso de uma coletividade, um acordo intersubjetivo. Ela possui também uma

---

[8] W. Heisenberg, *Philosophie. Le manuscrit de 1942* [Filosofia. O manuscrito de 1942], Paris: Seuil, 1998.

dimensão trans-subjetiva, pois um simples fato experimental pode arruinar a mais bela teoria científica.

É preciso entender por *nível de realidade* um conjunto invariante de sistemas sob a ação de um número de leis gerais: por exemplo, as entidades quânticas submetidas às leis quânticas, as quais estão em ruptura radical com as leis do mundo macrofísico. Isto significa dizer que dois níveis de realidade são *diferentes* se, passando de um ao outro, houver ruptura das leis e ruptura dos conceitos fundamentais (como, por exemplo, a causalidade). Ninguém conseguiu encontrar um formalismo matemático que permitisse a passagem rigorosa de um mundo ao outro. Há até mesmo fortes indicações matemáticas de que a passagem do mundo quântico ao mundo macrofísico seja, definitivamente, impossível.

Os níveis de realidade são radicalmente diferentes dos níveis de organização, tais como foram definidos nas abordagens sistêmicas. Os níveis de organização não pressupõem uma ruptura dos conceitos fundamentais: vários níveis de organização pertencem a um único e mesmo nível de realidade. Os níveis de organização correspondem a estruturações diferentes das mesmas leis fundamentais. Por exemplo, a economia marxista e a física clássica pertencem a um único e mesmo nível de realidade.

A emergência de ao menos três níveis de realidade diferentes no estudo dos sistemas naturais – o nível macrofísico, o nível microfísico e o ciber-espaço/tempo (aos quais convém acrescentar um quarto nível, por enquanto puramente teórico, o das supercordas, considerado pelos físicos como a textura última do universo) – é um acontecimento capital na história do conhecimento. Ele pode nos conduzir a repensar nossa vida individual e social, a fazer uma nova leitura dos conhecimentos antigos, a explorar de outra maneira o conhecimento de nós mesmos, aqui e agora.

No campo dos sistemas sociais, nós podemos distinguir, então, os seguintes níveis: nível individual, nível das comunidades geográficas e históricas (família, nação), nível planetário, nível das comunidades no ciber-espaço/tempo e nível cósmico.

Diante de vários níveis de realidade, o espaço entre as disciplinas e além das disciplinas está pleno de informações, como o vazio quântico está pleno de todas as potencialidades: da partícula quântica às galáxias, do quark aos elementos pesados que condicionam o surgimento da vida no Universo.

A unidade que liga todos os níveis de realidade, caso ela exista, deve necessariamente ser uma *unidade aberta*. É desse modo que hoje compreendemos o antigo princípio de interdependência universal. De fato, uma vasta *autoconsistência* parece reger a evolução do universo, do infinitamente pequeno ao infinitamente grande, do infinitamente breve ao infinitamente longo.

Esse é um fato fundamental para o reencantamento do mundo. Em um mundo regido pela autoconsistência universal, tudo é signo. Nós reencontramos assim nosso elo matricial, não somente com a Terra, mas com todo o cosmos.

Os níveis de realidade são compatíveis com o terceiro incluído?

A compreensão do axioma do terceiro incluído – existe um terceiro termo T que é ao mesmo tempo A e não-A – clareia completamente quando a noção de "níveis de realidade" é introduzida. Para se obter uma imagem clara do sentido do terceiro incluído, representemos os três termos da nova lógica – A, não-A e T – e seus dinamismos associados por um triângulo em que um dos vértices situa-se em um nível de realidade e os outros dois vértices em um outro nível de realidade. Permanecendo-se em um único nível de realidade, toda manifestação aparece como uma luta entre dois elementos contraditórios (exemplo: onda A e corpúsculo não-A). O terceiro dinamismo, o do estado T, é exercido em um outro nível de realidade, onde o que aparece como desunido (onda ou corpúsculo) está de fato unido (quanton), e o que parece contraditório é percebido como não contraditório.

É a projeção de T sobre um único e mesmo nível de realidade que produz a aparência de pares antagônicos, mutuamente exclusivos (A e não-A). Um único e mesmo nível de realidade só pode engendrar oposições antagonistas. Ele é, por sua própria natureza, *autodestruidor*, caso seja completamente separado de todos os outros níveis de realidade. Um terceiro termo, digamos T', que esteja situado no mesmo nível de realidade que os opostos A e não-A, não pode realizar sua conciliação.

Seria possível objetar que, desse modo, o problema é somente deslocado. Caso seja tolerada a existência de uma infinidade de aspectos para descrever um mundo de interconexões irredutíveis, se chegará fatalmente a dissolver o real em uma multiplicidade para sempre inacessível em seu conjunto. Encontra-se justamente aí o mérito histórico de Lupasco: ele soube reconhecer que a infinita multiplicidade do real pode ser reestruturada, derivada a partir de somente *três* termos lógicos, concretizando assim a esperança formulada anteriormente por Peirce.

Qual seria a natureza da teoria que poderia descrever a passagem de um nível de realidade para um outro? Haveria uma coerência e mesmo uma unidade do conjunto dos níveis de realidade? Qual seria o papel do sujeito/observador no caso de existir uma eventual unidade de todos os níveis de realidade? Haveria um nível de realidade privilegiado em relação a todos os outros níveis? A unidade do conhecimento, caso ela exista, seria de natureza objetiva ou subjetiva? Qual seria o papel da razão no caso da existência de uma eventual unidade do conhecimento? Qual seria, no campo da reflexão e da ação, o poder preditivo do novo modelo de realidade? Afinal, a compreensão do mundo presente seria possível?

A realidade comporta, segundo a abordagem transdisciplinar, um certo número de níveis. As considerações que se seguirão não dependem do fato de que esse número seja finito ou infinito. Em favor da clareza terminológica da exposição, vamos supor que esse número seja infinito. Dois níveis adjacentes estão ligados pela lógica do terceiro incluído, no sentido de que o estado T presente em um certo nível está ligado a um par de contraditórios (A, não-A) do nível imediatamente vizinho. O estado T opera a unificação dos contraditórios A e não-A, mas essa unificação é operada em um nível diferente daquele em que estão situados A e não-A. O axioma de não-contradição é respeitado nesse processo. Esse fato também significaria que obteremos assim uma teoria completa, que poderia dar conta de todos os resultados conhecidos e vindouros?

A lógica do terceiro incluído é capaz de descrever a coerência entre os níveis de realidade por meio do processo iterativo que consiste nas seguintes etapas: (1) um par de contraditórios (A, não-A) situado em um certo nível de realidade é unificado por um estado T situado em um nível de realidade imediatamente vizinho; (2) por sua vez, esse estado T está ligado a um par de contraditórios (A', não-A') situado em seu próprio nível; (3) o par de contraditórios (A', não-A') é, por sua vez, unificado por um estado T' situado em um nível diferente de realidade, imediatamente vizinho àquele em que se encontra o ternário (A', não-A', T'). O processo iterativo continua infinitamente até o esgotamento de todos os níveis de realidade conhecidos ou concebíveis. Em outros termos, a ação da lógica do terceiro incluído sobre os diferentes níveis de realidade induz uma estrutura *aberta, gödeliana*, do conjunto de níveis de realidade.[9]

Essa estrutura tem um alcance considerável na teoria do conhecimento, pois ela implica a impossibilidade de uma teoria completa, fechada em si mesma. De fato, o estado T

---

[9] B. Nicolescu, "Levels of complexity and levels of reality", art. citado; B. Nicolescu, "Gödelian aspects of nature and knowledge", em G. Altmann e W. A. Koch, *Systems: New Paradigms for the Human Sciences*, Berlin e New York: Walter de Gruyter, 1998.

realiza, de acordo com o axioma de não-contradição, a unificação do par de contraditórios (A, não-A), mas ele está associado, ao mesmo tempo, a um outro par de contraditórios (A′, não-A′). Isso significa que é possível construir, a partir de um certo número de pares mutuamente exclusivos, uma nova teoria que elimine as contradições em um certo nível de realidade, mas essa teoria é apenas temporária, pois ela conduzirá, inevitavelmente, sob a pressão conjunta da teoria e da experiência, à descoberta de novos pares de contraditórios, situados no novo nível de realidade. Então, essa teoria, por sua vez, será substituída, à medida que novos níveis de realidade sejam descobertos por teorias ainda mais unificadas. Esse processo continuará perpetuamente, sem jamais poder culminar em uma teoria completamente unificada. O axioma de não-contradição sai cada vez mais fortalecido nesse processo. Nesse sentido, podemos falar de uma *evolução do conhecimento*, sem jamais poder chegar a uma não-contradição absoluta, implicando todos os níveis de realidade: o conhecimento está *aberto* para sempre.

As considerações precedentes permitem responder de maneira rigorosa à interessantíssima questão formulada recentemente pelo lógico Petru Ioan: por que se limitar ao terceiro incluído? Por que não introduzir o "quarto incluído", o "quinto incluído" etc?[10] À luz do esquema que acaba de ser descrito, o quarto incluído, por exemplo, deveria unificar A, não-A e T. Ora, é precisamente o termo T′ que realiza essa unificação! O termo T′ seria, então, um "quarto incluído"? Certamente que não, pois ele é, por sua vez, o terceiro unificador de A′ e não-A′, estes dois últimos termos aparecendo no mesmo nível de realidade que T. Em outras palavras, a estrutura de quarto

[10] P. Ioan, "Stéphane Lupasco et la propension vers le contradictoire dans la logique roumaine" [Stéphane Lupasco e a propensão ao contraditório na lógica romena], em B. Nicolescu e H. Badescu (dir.), *Stéphane Lupasco. L'homme et l'œvre*, Mônaco: Rocher, "Transdisciplinarité", 1999.

incluído (A, não-A, T, T') decompõe-se em duas estruturas de terceiro incluído: (A, não-A, T) e (A', não-A', T'). Não há, portanto, necessidade de um "quarto incluído", de um "quinto incluído" etc. Nesse sentido, o terceiro incluído é *infinitamente terceiro*, ou, como é denominado por Christian Duchemin, o *terceiro-sem-nome.*[11] Essa conclusão é similar ao célebre teorema de Peirce, demonstrado com a ajuda da teoria dos grafos: "Toda políade superior a uma tríade pode ser analisada em termos de tríades, mas uma tríade não pode ser analisada, de modo geral, em termos de díades".[12] Não se trata de uma simples analogia. Nosso esquema pode ser desenvolvido biunivocamente sobre os grafos.[13] Consequentemente, o teorema de Peirce deve ser respeitado.

A estrutura gödeliana da natureza e do conhecimento

A estrutura aberta do conjunto de níveis de realidade está em concordância com um dos resultados científicos mais importantes do século XX: o teorema de Gödel, que diz respeito à aritmética e, consequentemente, a toda matemática que inclui a aritmética, e que nos diz que um sistema de axiomas suficientemente rico conduz, inevitavelmente, a resultados quer indecidíveis, quer contraditórios – asserção frequentemente esquecida nas obras de vulgarização.

---

[11] C. Duchemin, comunicação particular, agosto 2008.

[12] D. D. Roberts, *The Existential Graphs of Charles S. Peirce*, Illinois: Mouton, 1973, p. 115; ver também P. Thibaud, *La logique de Charles Sanders Peirce. De l'algèbre aux graphes* [A lógica de Charles Sanders Peirce. Da álgebra aos grafos], Aix-en-Provence: Éditions de l'Université de Provence, 1975.

[13] B. Nicolescu, "Hylemorphism, quantum physics and levels of reality", em D. Sfendoni-Mentzou, *Aristotle and Contemporary Science*, vol. I, New York: Peter Lang, 2000, p. 173-184.

Esse teorema exprime um apofatismo* matemático e lógico, como um eco do apofatismo religioso.[14] Seu alcance em toda teoria moderna do conhecimento é considerável. Primeiramente, ele não diz respeito somente ao campo da aritmética, mas também a toda a matemática que inclui a aritmética. Ora, a matemática, que é o instrumento básico da física teórica, contém, evidentemente, a aritmética. Isso significa que toda busca de uma teoria física completa é ilusória. Se essa afirmação é verdadeira para os campos mais rigorosos do estudo dos sistemas naturais, como se poderia sonhar com uma teoria completa dentro de um campo infinitamente mais complexo – o das ciências humanas?

De fato, a busca de uma axiomática que conduza a uma teoria completa (sem resultados indecidíveis ou contraditórios) marca simultaneamente o apogeu e o ponto de partida do declínio do pensamento clássico. O sonho axiomático desmoronou devido ao veredito do santo dos santos do pensamento clássico – o rigor matemático.

O teorema que Gödel demonstrou em 1931, não teve, contudo, senão um eco muito fraco para além de um círculo muito restrito de especialistas. Isso explica, provavelmente, o estranho silêncio de Lupasco sobre esse teorema e sobre sua significação epistemológica, no entanto, tão lupasciana. A estrutura gödeliana do conjunto de níveis de realidade, associada à lógica do terceiro incluído, implica a impossibilidade de construir uma teoria completa para descrever a passagem de um nível ao outro e, *a fortiori*, para descrever o conjunto de níveis de realidade. A unidade que liga todos os níveis de realidade, caso ela exista, deve ser, necessariamente, uma *unidade aberta*.

---

* N.T. Apofatismo: relativo a apófase, do grego *apóphasis*, proposição negativa.

[14] B. Nicolescu, "Towards an apophatic methodology of the dialogue between science and religion", em B. Nicolescu e M. Stavinschi, *Science and Orthodoxy, a Necessary Dialogue*, Bucarest: Curtea Veche, 2006, p. 19-29.

Em *Nous, la particule et le monde,* cuja primeira edição é de 1985, cheguei à conclusão, baseado no teorema de Gödel, de que, à medida que a teoria unificada das interações físicas seja axiomática e inteiramente formalizada, ela será necessariamente *incompleta*. Consequentemente, o ambicioso projeto de uma "teoria de tudo" (*theory of everything*), sonho de unificação partilhado pela grande maioria da comunidade dos físicos teóricos, não poderia jamais ser realizado. Fiquei feliz em constatar que Stephen Hawking chegou à mesma conclusão, em 2002, em sua conferência "Gödel e o fim da física", apresentada na celebração do centenário do nascimento de Paul Dirac.[15]

O terceiro oculto

Há, certamente, uma *coerência* entre os diferentes níveis de realidade, ao menos no mundo natural. De fato, uma vasta *autoconsistência* parece reger a evolução do universo, do infinitamente pequeno ao infinitamente grande, do infinitamente breve ao infinitamente longo. Essa coerência é *orientada*: uma flecha é associada a toda transmissão de informação de um nível ao outro. Consequentemente, a coerência, caso seja limitada somente aos níveis de realidade, para no nível mais "alto" e no nível mais "baixo". Para que a coerência continue para além desses dois níveis limites, para que haja uma unidade aberta, é preciso considerar que o conjunto dos níveis de realidade prolongue-se através de uma *zona de não-resistência*, de transparência absoluta, as nossas experiências, representações, descrições, imagens ou formalizações matemáticas. Essa zona de não-resistência corresponde, em nossa abordagem da realidade, ao "véu" do que Bernard d'Espagnat

[15] S. Hawking, "Gödel and the end of physics", <http://www.damtp.cam.ac.uk/strings02/dirac/hawking>.

denomina "o real velado"[16] e está, seguramente, ligada à *afetividade* lupasciana.[17]

O nível mais "alto" e o nível mais "baixo" do conjunto dos níveis de realidade unem-se através de uma zona de transparência absoluta. Mas como esses dois níveis são diferentes, a transparência absoluta aparece como um véu, do ponto de vista de nossas experiências, representações, descrições, imagens ou formalizações matemáticas. Efetivamente, a unidade aberta do mundo implica que aquilo que está "embaixo" seja como o que está no "alto". O isomorfismo entre o "alto" e o "baixo" é restabelecido pela zona de não-resistência.

A não-resistência dessa zona de transparência absoluta deve-se, simplesmente, às limitações de nosso corpo e de nossos órgãos dos sentidos, quaisquer que sejam os instrumentos de medida que os prolonguem. A afirmação de um conhecimento humano infinito (que exclui toda zona de não-resistência), ao mesmo tempo em que se afirma a limitação de nosso próprio corpo e de nossos órgãos dos sentidos, parece-nos um ilusionismo linguístico.

O conjunto dos níveis de realidade do objeto e sua zona complementar de não-resistência constituem o *objeto* transdisciplinar. Os diferentes níveis de realidade do objeto são acessíveis ao conhecimento humano graças à existência de diferentes níveis de *realidade do sujeito*, que se encontram em correspondência biunívoca com os níveis de realidade do objeto. Esses níveis de realidade do sujeito permitem uma visão cada vez mais geral, unificadora, englobadora da realidade, sem jamais esgotá-la inteiramente.[18]

---

[16] B. d'Espagnat, *À la recherche du réel, op. cit.*; *Le réel voilé. Analyse des concepts quantiques* [O real velado. Análise dos conceitos quânticos], Paris: Fayard, 1994.

[17] S. Lupasco, em colaboração com S. de Mailly-Nesle e B. Nicolescu, *L'homme et ses trois éthiques* [O homem e suas três éticas], Mônaco: Rocher, "L'esprit et la matière", 1986.

[18] B. Nicolescu,"Hylemorphism, quantum physics and levels of reality", art. citado.

A coerência dos níveis de realidade do sujeito pressupõe, como no caso dos níveis de realidade do objeto, uma zona de *não-resistência* à percepção. O conjunto dos níveis de realidade do sujeito e sua zona complementar de não-resistência constituem o sujeito transdisciplinar.

As duas zonas de não-resistência, do objeto e do sujeito transdisciplinares, devem ser *idênticas* para que o sujeito transdisciplinar possa se comunicar com o objeto transdisciplinar. Ao fluxo de informação que atravessa de maneira coerente os diferentes níveis de realidade do objeto corresponde um fluxo de consciência que atravessa de maneira coerente os diferentes níveis de realidade do sujeito. Os dois fluxos estão numa relação de *isomorfismo* graças à existência de uma única e mesma zona de não-resistência. A zona de não-resistência desempenha o papel de *terceiro oculto,* que permite a unificação, com suas diferenças, do sujeito transdisciplinar e do objeto transdisciplinar. Ela permite e requer a *interação* entre o sujeito e o objeto.

Há uma grande diferença entre o terceiro oculto e o terceiro incluído: o terceiro oculto é *alógico,* pois ele está inteiramente situado na zona de não-resistência, ao passo que o terceiro incluído é *lógico,* pois ele se refere aos contraditórios A e não-A, situados na zona de resistência. Mas há também uma similaridade. Ambos unem contraditórios: A e não-A no caso do terceiro incluído, e sujeito e objeto no caso do terceiro oculto. O sujeito e o objeto são os contraditórios supremos: eles atravessam não somente a zona de resistência, mas também a zona de não-resistência. Compreende-se, então, porque para alguns pensadores cristãos, como Jacob Boehme, quando Deus decide criar o mundo (e, portanto, conhecer a Si mesmo), Ele introduz a contradição nos fundamentos do mundo.[19] Compreende-se também por que é o terceiro

---

[19] B. Nicolescu, *L'homme et le sens de l'Univers. Essai sur Jakob Boehme* [O homem e o sentido do Universo. Ensaio sobre Jacob Boehme], Paris: Le Félin et Philippe Lebaud, 1988.

oculto que dá sentido ao terceiro incluído, pois, para unir os contraditórios A e não-A, situados na zona de resistência, ele deve atravessar a zona de não-resistência: o terceiro incluído é, efetivamente, um "terceiro-sem-nome". Encontra-se precisamente aí a grande dificuldade para formular uma verdadeira lógica do terceiro incluído, que deve, obrigatoriamente, integrar o salto descontínuo entre os níveis de realidade. Essa nova lógica será *transcategórica*. Se a compatibilidade entre os níveis de realidade e o terceiro incluído não traz nenhuma dúvida, inversamente, sua reunião em uma lógica não poderá ser realizada por meio dos tipos de lógica já conhecidos. A despeito dos esforços já efetuados,[20] o problema permanece aberto.

O papel do terceiro oculto e do terceiro incluído na abordagem transdisciplinar da realidade não é, afinal, tão surpreendente. As palavras *três* e *trans* têm a mesma raiz etimológica: "três" significa "a transgressão do dois, o que vai além de dois". A transdisciplinaridade é a transgressão da dualidade que opõe os pares binários: sujeito/objeto, subjetividade/objetividade, matéria/consciência, natureza/divino, simplicidade/complexidade, reducionismo/holismo, diversidade/unidade. Essa dualidade é transgredida pela unidade aberta que engloba o Universo e o ser humano. Na visão transdisciplinar, a pluralidade complexa e a unidade aberta são duas facetas de uma única e mesma realidade.

O terceiro oculto, em sua relação com os níveis de realidade, é fundamental para a compreensão do *unus mundus* descrito pela transdisciplinaridade. A realidade é una, simultaneamente única e múltipla. Quando nos limitamos ao terceiro oculto, a unidade será não diferenciada, simétrica, ela estará situada no *não-tempo*. Quando nos limitamos aos níveis de realidade, só haverá diferenças, assimetrias, situadas no tempo. A consideração simultânea dos níveis de realidade e do terceiro oculto introduz uma quebra da simetria do *unus mundus*.

[20] J. E. Brenner, *Logic in Reality*, New York: Springer, 2008.

De fato, os níveis de realidade são precisamente engendrados por esta quebra de simetria introduzida pelo tempo.

O conhecimento não é nem exterior nem interior: ele é *simultaneamente* exterior e interior. O estudo do Universo e o estudo do ser humano sustentam-se um ao outro. O que é vivido e a experiência de si têm tanto valor cognitivo quanto o conhecimento científico.

O sagrado e o problema sujeito/objeto

A zona de transparência corresponde ao sagrado, ou seja, àquilo que não se submete a nenhuma racionalização. A proclamação da existência de um único nível de realidade elimina o sagrado, sob o preço da autodestruição deste mesmo nível.

Convém lembrar a distinção feita por Edgar Morin entre racional e racionalização.[21] O sagrado é racional, mas ele não é racionalizável. O sagrado não se opõe à razão: na medida em que ele assegura a harmonia entre o sujeito e o objeto, o sagrado é parte integrante da nova racionalidade.

O sagrado é *aquilo que liga,* pois ele não é, por si mesmo, o atributo de qualquer religião: "O sagrado não implica a crença em Deus, em deuses ou em espíritos. Ele é (...) a experiência de uma realidade e a origem da consciência de existir no mundo",[22] escreve Mircea Eliade. Sendo o sagrado, acima de tudo, uma *experiência,* ele é traduzido por um sentimento, o da presença do *Nous,* daquilo que liga os seres e as coisas e que, consequentemente, induz, nas profundezas do ser humano, o *respeito absoluto* pelas alteridades unidas pela vida comum sobre uma única e mesma Terra. Enquanto

---

[21] E. Morin, *La méthode* [O método], t. III, *La connaissance de la connaissance* [O conhecimento do conhecimento], 1, *Anthropologie de la connaissance* [Antropologia do conhecimento], Paris: Seuil, 1986.

[22] M. Eliade, *L'épreuve du labyrinthe, entretiens avec Claude-Henri Rocquet* [A prova do labirinto, conversas com Claude-Henri Rocquet], Mônaco: Rocher,"Transdisciplinarité", 2006, p. 176.

experiência de um real irredutível, o sagrado é, efetivamente, o elemento essencial na estrutura da consciência e não um simples estágio na história da consciência.

A realidade engloba o sujeito e o objeto e o terceiro oculto, que são as três facetas de uma única e mesma realidade. Sem uma dessas três facetas, a realidade não é mais real, e sim uma fantasmagoria destrutiva.

O problema sujeito/objeto esteve no centro da reflexão filosófica dos pais fundadores da mecânica quântica. Pauli, Heisenberg e Bohr, assim como Husserl, Heidegger, Gadamer e Cassirer, refutaram o axioma fundamental da metafísica moderna: a separação total entre o sujeito e o objeto. A divisão binária (sujeito, objeto) que define a metafísica moderna é substituída, na abordagem transdisciplinar, pela repartição ternária (sujeito, objeto, terceiro oculto). O terceiro termo, o terceiro oculto, não é redutível nem ao objeto nem ao sujeito. Essa nova relação entre o sujeito e o objeto no conhecimento transdisciplinar poderá permitir, a longo prazo, uma conversão da tecnociência.

A unidade aberta entre o objeto transdisciplinar e o sujeito transdisciplinar é traduzida pela orientação coerente do fluxo de informação que atravessa os níveis de realidade do objeto e do fluxo de consciência que atravessa os níveis de realidade do sujeito. Essa orientação coerente dá um novo sentido à *verticalidade* do ser humano no mundo. É essa verticalidade que constitui, na visão transdisciplinar, o fundamento de todo projeto social viável.

Um extraordinário, inesperado e surpreendente Eros atravessa os níveis de realidade e os níveis de realidade do sujeito. Os artistas, poetas, cientistas e místicos de todos os tempos testemunharam sua presença no mundo.

Heisenberg e os níveis de realidade

Para Heisenberg, a realidade é "a flutuação contínua da experiência tal como é apreendida pela consciência.

Como tal, ela não é jamais identificável inteiramente a um sistema isolado (...)".[23] A realidade não pode se reduzir à substância. Para nós, físicos de hoje, isso é uma evidência: a matéria é o complexo substância/energia/espaço/tempo/informação.

Como escreve Catherine Chevalley, "o campo semântico da palavra realidade inclui, para ele, tudo o que nos é dado na experiência considerada em seu sentido mais amplo, desde a experiência do mundo até a das modificações da alma ou das significações autônomas de símbolos".[24]

Heisenberg não fala explicitamente de "resistência" em relação à realidade, mas este sentido está plenamente presente: "A realidade sobre a qual podemos falar", escreve Heisenberg, "não é jamais a realidade 'em si', mas somente uma realidade sobre a qual podemos ter um saber, e mesmo, em muitos casos, uma realidade à qual nós mesmos demos forma".[25] Como a realidade está em flutuação constante, tudo o que podemos fazer é realizar recortes, graças ao nosso pensamento, extraindo processos, fenômenos, leis.

Nesse contexto, é claro que não pode haver completude: "Não se pode jamais chegar a um retrato exato e completo da realidade",[26] escreve Heisenberg. A incompletude das leis físicas está, portanto, presente para ele, mesmo que não faça nenhuma referência aos teoremas de Gödel. Para ele, a realidade se dá como "tecidos de conexões de gêneros diferentes", como uma "abundância infinita", sem nenhum fundamento último. Essa visão é partilhada por Pauli, que escreve: "A famosa 'incompletude' da mecânica quântica está certamente aí de uma maneira ou de outra, mas é claro que ela não pode ser eliminada por um retorno à física clássica (isso é simplesmente um 'mal-entendido neurótico' de Einstein). Trata-se

---

[23] *Ibid.*, p. 166.
[24] *Ibid.*, p. 145.
[25] W. Heisenberg, *op. cit.*, p. 277.
[26] *Ibid.*, p. 258.

antes de uma relação holística entre 'dentro' e 'fora', que não é levada em conta pela ciência atual".[27]

Heisenberg afirmava continuamente, concordando com Husserl, Heidegger, Gadamer e Cassirer (que ele conhecia pessoalmente), que é preciso suprimir toda distinção rígida entre sujeito e objeto. Ele também afirmava que é preciso acabar com a referência que privilegia a exterioridade do mundo material e que a única maneira de abordar o sentido da realidade é aceitando sua divisão em regiões e níveis.

A semelhança com minha própria definição da realidade é impressionante. Heisenberg distingue "regiões de realidade" (*der Bereich der Wirklichkeit*) e "níveis de realidade" (*die Schicht der Wirklichkeit*). "Pela expressão 'região de realidade' (...) nós entendemos (...) um conjunto de conexões nomológicas",[28] escreve ele. Essas regiões são engendradas por grupos de relações. Elas estão imbricadas, ajustadas, sobrepostas, entrecruzadas, sempre respeitando o princípio de não-contradição. As regiões de realidade são, de fato, estritamente equivalentes aos níveis de organização do pensamento sistêmico.

Heisenberg estava plenamente consciente de que a simples consideração da existência de regiões de realidade não é satisfatória, pois isso equivaleria a colocar no mesmo plano a mecânica clássica e a mecânica quântica. Foi essa a razão essencial que o conduziu a reagrupar essas regiões de realidade em níveis diferentes de realidade. Sua motivação foi, portanto, idêntica à minha.

Heisenberg reagrupou as numerosas regiões de realidade em três níveis distintos. "É claro", afirma ele, "que o agenciamento das regiões deveria substituir a divisão grosseira do mundo em uma realidade subjetiva e uma realidade objetiva

[27] Carta de Pauli a Fierz, 10 de agosto de 1954, em K. von Meyenn, *Wolfgang Pauli. Wissenchaftlicher Briefwechsel,* Band IV, Teil II, *1953-1954,* Berlin: Springer, 1993, p. 744-745.

[28] W. Heisenberg, *op. cit.*, p. 273.

e se desdobrar entre esses polos do sujeito e do objeto de tal maneira que, em seu limite inferior, mantenham-se as regiões em que podemos objetivar de maneira completa. A seguir, deveriam ser reunidas as regiões em que os estados de coisas não podem ser completamente separados do processo de conhecimento através do qual acabamos de estabelecê-los. Finalmente, deveria manter-se no topo o nível de realidade em que os estados de coisas não são criados senão em conexão com o processo de conhecimento".[29]

O primeiro nível de realidade, no modelo de Heisenberg, corresponde aos estados de coisas objetiváveis independentemente do processo de conhecimento. Ele situa nesse primeiro nível a mecânica clássica, o eletromagnetismo e as duas teorias da relatividade de Einstein, em outras palavras, a física clássica. O segundo nível de realidade corresponde aos estados de coisas inseparáveis do processo de conhecimento. Ele situa aqui a mecânica quântica, a biologia e as ciências da consciência. Por fim, o terceiro nível de realidade corresponde aos estados de coisas criados em conexão com o processo de conhecimento. Ele situa nesse nível de realidade a filosofia, a arte, a política, as metáforas de "Deus", a experiência religiosa e a experiência da inspiração. Se os dois primeiros níveis de realidade de Heisenberg correspondem inteiramente a minha própria definição, inversamente, seu terceiro nível me parece misturar níveis e não-níveis (ou seja, as zonas de não-resistência). De fato, a filosofia, a arte e a política são disciplinas inteiramente conformes à resistência intrínseca de um nível de realidade. Até mesmo as metáforas de "Deus", na medida em que são integradas a uma teologia, podem corresponder a um nível de realidade: a teologia é, afinal de contas, uma ciência humana como as outras. Mas a experiência religiosa e a experiência da inspiração são dificilmente assimiláveis em um nível de realidade. Elas correspondem bem mais à tra-

[29] *Ibid.*, p. 372.

vessia de diferentes níveis de realidade através da zona de não-resistência.

Há, portanto, uma importante diferença entre as duas definições da noção de níveis de realidade. A ausência da resistência e a ausência da descontinuidade na definição de Heisenberg explicam essa diferença.

Efetivamente, Heisenberg não impõe explicitamente o princípio de não-contradição, que teria podido conduzi-lo a descobrir a descontinuidade dos níveis de realidade. E, no entanto, a descontinuidade é mencionada muitas vezes no *Manuscrit de 1942*, mas somente em relação à história: a história das representações, a história do indivíduo, a história da humanidade.

Heisenberg insiste também sobre o papel da intuição: "Somente o pensamento intuitivo", escreve ele, "pode transpor o abismo que existe entre o sistema de conceitos já conhecido e o novo sistema de conceitos; a dedução formal é impotente para lançar uma ponte sobre esse abismo".[30] Mas Heisenberg não chega à conclusão lógica que se impõe a partir da impotência do pensamento formal: somente a não-resistência às nossas experiências, representações, descrições, imagens ou formalizações matemáticas pode lançar uma ponte sobre o abismo entre duas zonas de resistência. A não-resistência é a chave para a compreensão da descontinuidade entre dois níveis de realidade imediatamente vizinhos. O terceiro oculto está ausente em Heisenberg.

Heisenberg e Lupasco não se conheceram. Não obstan te, a noção de "potencialização" surgiu quase que simultaneamente na obra dos dois homens. Além disso, Heisenberg estava inteiramente consciente de que somente uma lógica de terceiro incluído poderia nos fazer compreender os paradoxos quânticos, como ele disse explicitamente ao grande es-

[30] *Ibid.*, p. 261.

critor romeno Vintila Horia,[31] mas ele ignorava totalmente a obra de Lupasco. Por sua vez, Lupasco tinha uma admiração fervorosa por Heisenberg e seu princípio de incerteza, mas não fez nenhum esforço para entrar em contato com ele. Foi Horia quem encontrou Heisenberg, Lupasco, Jung, Gonseth, Mathieu e Abellio, reunindo-os em um fascinante livro de entrevistas que, infelizmente, só está disponível em espanhol. O grande encontro físico entre Heisenberg e Lupasco não ocorreu. Assim quis o destino.

A visão transdisciplinar do mundo

Na visão transdisciplinar, a pluralidade complexa e a unidade aberta são duas facetas de uma única e mesma realidade. A estrutura do conjunto dos níveis de realidade é uma estrutura complexa: cada nível é o que é porque todos os outros níveis existem ao mesmo tempo.

Os níveis de realidade do objeto e de realidade do sujeito, o terceiro incluído e a complexidade definem a metodologia da transdisciplinaridade.[32] Eles induzem um isomorfismo entre os diferentes campos do conhecimento, determinando assim uma estrutura fractal da realidade. Esses três pilares do conhecimento transdisciplinar são, portanto, a origem de novos *valores*, graças ao caráter gödeliano da natureza e do conhecimento.

Um novo *princípio de relatividade* emerge da coexistência entre a pluralidade complexa e a unidade aberta: nenhum nível de realidade constitui um lugar privilegiado a partir do qual se possa compreender todos os outros níveis de realidade. Esse princípio de relatividade é fundador de um novo

---

[31] V. Horia, *Viaje a los centros de la Tierra. Encuesta sobre el estado actual del pensamiento, las artes y las ciencias*, Barcelona: Ediciones de Nuevo Arte Thor, 1987, p. 298, 305 e 306.

[32] B. Nicolescu, *La transdisciplinarité, op. cit.*

olhar sobre a cultura, a religião, a política, a arte, a educação, a vida social. E quando nosso olhar sobre o mundo muda, o mundo muda. Ele nos indica que nenhuma cultura e nenhuma religião constituem o lugar privilegiado a partir do qual se possa julgar as outras culturas e as outras religiões. É o ser humano, em sua totalidade aberta, que é o lugar sem lugar do *transcultural* e do *transreligioso,* ou seja, do que atravessa e ultrapassa as culturas e as religiões. O transcultural e o transreligioso dizem respeito ao tempo presente da *trans-história,* que é ao mesmo tempo do domínio do impensável e da epifania.

A atitude transcultural e transreligiosa não é um simples projeto utópico: ela está inscrita nas profundezas de nosso ser. Através do transcultural, que desemboca no transreligioso, a guerra das civilizações, ameaça cada vez mais presente em nossa época, não teria mais nenhuma razão de ser.

O autonascimento do Universo e o autonascimento do homem são inseparáveis. Ciência e consciência, os dois pilares da futura democracia universal, sustentam-se uma à outra. A ciência sem consciência é a ruína do ser humano, mas a consciência sem ciência é também sua ruína. A responsabilidade pela autotranscendência – *nossa* responsabilidade – é o terceiro incluído que une ciência e consciência. O *homo sui transcendentalis* está nascendo. Ele não é um "homem novo" qualquer, mas um homem que nasce de novo. Esse novo nascimento é uma potencialidade inscrita em nosso próprio ser. Ninguém, e coisa alguma, pode nos obrigar a evoluir. Nós temos a escolha entre evoluir ou desaparecer. Nossa evolução é uma *autotranscendência.* É todo o problema da relação entre o despertar individual e o despertar coletivo que está no centro de nossa evolução possível. E a evolução, atualmente, só pode ser a da consciência. Criar as condições para a atualização dessa evolução torna-se assim uma responsabilidade política. A palavra "revolução" não foi esvaziada de seu sentido pelo fracasso da revolução social. A revolução, atualmente, só pode ser uma revolução da inteligência, transformando nossa vida individual e social em um *ato tanto estético como ético*, o ato de desvelamento da dimensão poética da existência. Uma vontade política eficaz não pode ser, hoje em dia, senão uma vontade poética. Desse modo, se poderá inaugurar a era da fraternidade, depois daquelas da igualdade e da liberdade.

Há não muito tempo atrás, proclamava-se a morte do homem e o fim da História. A abordagem transdisciplinar nos faz descobrir a ressurreição do sujeito e o início de uma nova etapa de nossa história. Estaríamos no limiar de uma nova época das Luzes? Estou convencido disso. A luz em questão é sempre a mesma: a da razão. Mas uma razão ampliada, aberta, em diálogo permanente com aquilo que a ultrapassa. O *pensamento dos limites* está intimamente ligado ao conhecimento dos limites da razão. Esse pensamento dos limites, que vai integrar a razão e o mistério, é o novo horizonte do conhecimento no século XXI.

Nós esperamos, nos próximos anos, avanços importantes no estudo da consciência graças à introdução dessas duas noções. Não seria a consciência o melhor laboratório para a inclusão do terceiro e para a coexistência dos diferentes níveis da realidade? Quando a caixa de Pandora foi aberta, os males que dela escaparam ameaçaram os humanos que povoavam a Terra. No fundo da caixa, estavam escondidas a aspiração e a esperança. É essa aspiração e essa esperança que a transdisciplinaridade pretende testemunhar.

Capítulo 4

Jung, Pauli e Lupasco diante do problema psicofísico

O problema psicofísico, tão central no pensamento de Jung, Pauli e Lupasco, apresenta de maneira aguda a questão de seu conflito com o reducionismo. Para esclarecer esse aspecto é preciso primeiramente distinguir "redução" e "reducionismo".

O sentido científico da palavra *redução* é o seguinte: reduz-se A a B, B a C, C a D etc, até o ponto em que se chega àquilo que se considera ser o nível mais fundamental. O pensamento humano segue, efetivamente, o mesmo processo de redução. A redução é, em vários aspectos, um processo natural do pensamento e não há nada de mal nisso. A única questão é a de compreender o que é encontrado no final da cadeia de redução: essa cadeia seria circular? Caso não seja, como se pode justificar o conceito de *final* de cadeia?

Quanto ao *reducionismo científico*, ele é muito diferente. Ele significa a explicação de processos espirituais em termos de processos psíquicos que, por sua vez, são explicados pelos processos biológicos que, por sua vez, são explicados pelos processos físicos. Em outras palavras, um cientista que se conforma à visão de sua comunidade reduz a espiritualidade à materialidade.

O *reducionismo filosófico* inverte a cadeia: ele reduz a materialidade à espiritualidade. Os dois tipos de reducionismo pertencem ao que podemos denominar *monorreducionismo*. Alguns filósofos adotam uma abordagem dualista: eles consideram que materialidade e espiritualidade são radicalmente distintas. A abordagem dualista é uma variante: ela corresponde ao que podemos chamar de *multirreducionismo*. Nós podemos também identificar, na literatura *new age*, uma forma ainda diferente, a de *inter-reducionismo*: atribui-se algumas propriedades de ordem material às entidades espirituais ou, inversamente, atribui-se algumas propriedades de ordem espiritual aos objetos materiais.

A posição oposta ao reducionismo, o *antirreducionismo*, exprime-se por meio do *holismo* (significando que o todo é mais do que a soma de suas partes e determina as propriedades de suas partes) e pelo *emergentismo* (que significa que novos comportamentos, estruturas e propriedades são engendrados por interações relativamente simples, que engendram, por sua vez, níveis de complexidade crescente). O holismo e o emergentismo têm suas próprias dificuldades: eles devem explicar, sem apresentar argumentos *ad hoc*, de onde vem a *novidade*.

Nós veremos que a noção de níveis de realidade é crucial para reconciliar o reducionismo, quando necessário na *démarche* científica, e o antirreducionismo, quando necessário no estudo dos sistemas complexos.

Coincidentia oppositorum e o irracionalismo hermético

Falando sobre a ressurreição do pensamento hermético, Umberto Eco escreve: "A gênese dessa ressurreição é complexa: a historiografia nos fez saber que é impossível separar a corrente hermética da corrente científica, Paracelso de Galileu. O saber hermético influenciará Bacon, Copérnico, Kepler, Newton, e a ciência quantitativa moderna nascerá, entre outras coisas, de um intercâmbio com o saber qualitativo do hermetismo (...). Contudo, essa influência foi intimamente misturada a uma certeza que o hermetismo não nutria, da qual ele não podia e nem queria ter consciência: a descrição do mundo se faz segundo uma lógica da quantidade e não da qualidade. Assim, paradoxalmente, o modelo hermético contribuiu para o nascimento de seu novo adversário: o racionalismo científico moderno. O irracionalismo hermético migrará, então, para os místicos e alquimistas, por um lado, e para os poetas e filósofos, por outro lado, de Goethe a Nerval e Yeats, de Schelling a von Baader, de Heidegger a Jung. E não seria possível reconhecer, em muitas concepções pós-modernas da crítica, a noção de deslizamento contínuo do sentido"? Um pouco mais adiante, Eco refere-se diretamente a Jung: "Jung, quando revisita as antigas doutrinas herméticas, reintroduz o problema gnóstico da redescoberta de um Si original". Finalmente, Eco nos descreve em que consiste a *deriva hermética*: "A característica principal da deriva hermética nos pareceu ser a habilidade descontrolada em deslizar de significado a significado, de semelhança a semelhança, de uma conexão a outra. De modo contrário às teorias contemporâneas da deriva, a semiósis hermética não afirma a ausência de um significado universal, unívoco e transcendental. Ela assume que qualquer coisa – admitindo que a boa ligação retórica seja isolada – pode remeter a qualquer outra coisa, justamente porque há um forte sujeito transcendente, o Um neoplatônico. Este – sendo o princípio da contradição universal, o lugar da *Coincidentia Oppositorum*, estranho a toda determinação possível e, portanto, simultaneamente Tudo, Nada e Origem Indizível de Toda Coisa – age de maneira que toda coisa se conecte a toda outra coisa, graças a uma teia de aranha labiríntica de referências mútuas. Assim, parece que a semiósis hermética identifica em todo texto, como no Grande Texto do Mundo, a Plenitude do Significado, não sua ausência. A despeito disso, esse mundo invadido pelas assinaturas e governado pelo princípio da significação universal, deu lugar a efeitos de deslizamento incessante e de remissão a todo significado possível".[1]

O diagnóstico de Umberto Eco é sedutor, mas ele repousa sobre um equívoco ao mesmo tempo lógico e epistemológico. Há certamente um *mal-entendido* que se traduz por uma inaceitável mistura de níveis de compreensão. O nível de compreensão em que se situa o pensamento de Jung (e de Lupasco) é radicalmente diferente daquele, engendrado por uma ou outra redução, da parapsicologia, da Nova Era ou do irracionalismo hermético contemporâneo. Como um mal-entendido de tal magnitude pôde produzir-se?

Dentre as três correntes mencionadas, a confusão com o irracionalismo hermético é a mais difícil de eliminar e, consequentemente, a mais inquietante. Afinal, o mal-entendido referente à parapsicologia pode ser explicado pela atração indiscutível que Jung, Pauli e Lupasco sentiam em relação aos fenômenos ditos "paranormais". Por outro lado, o mal-entendido concernente à Nova Era pode ser explicado pela negligência intelectual daqueles que estão engajados nesse movimento. Mas, a assimilação ao irracionalismo hermético não seria, afinal, legítima?

O cerne do problema: nós mergulhamos excessivamente no século XVII

A dificuldade em obter uma resposta é aumentada pelo fato de que estamos às voltas com verdadeiros mutantes. Jung foi um mutante, necessariamente solitário em seu campo, pertencente às ciências "humanas", conhecidas por "moles". Pauli também foi um mutante em seu campo, das ciências conhecidas por "exatas" ou "duras" (as palavras "mole"

[1] U. Eco, *Les limites de l'interprétation* [Os limites da interpretação], Paris: Grasset, 1992, p. 58, 61 e 370.

e "dura" devem evocar aos psicanalistas e psiquiatras muitas associações interessantes e fecundas). Quanto a Lupasco, ele foi o mutante dos mutantes, com sua lógica da contradição.

É verdade que Pauli foi um mutante menos solitário, pois a física sofreu uma mutação *coletiva* sem precedentes com o surgimento da mecânica quântica. Mas os três mutantes enfrentaram, estritamente, o mesmo problema: a *não-conformidade* entre os modelos que eles estudaram e o modelo de realidade que reinava, exclusivamente, em sua época. Duas atitudes eram possíveis diante dessa situação que, no plano pessoal, certamente era sentida como dramática.

A primeira solução equivalia a esquivar-se do problema, simplesmente pondo a realidade entre parênteses, como um conceito ontológico obscuro e não necessário ao progresso científico. Foi o caminho seguido e que ainda é trilhado pela maioria dos cientistas.

Jung, Pauli e Lupasco escolheram o caminho infinitamente mais difícil e mais penoso – o da invenção (ou, talvez, da descoberta) de um novo modelo de realidade. "Quando o homem da rua diz 'realidade', ele pensa tratar-se de algo evidente e bem conhecido", escreveu Pauli. "Inversamente, para mim, a formulação de uma nova ideia de realidade é a tarefa mais importante e a mais árdua de nosso tempo. (...) O que tenho em mente – de maneira provisória – é a *ideia da realidade do símbolo*. Por um lado, um símbolo é o resultado de um esforço humano e, por outro lado, ele indica a existência de uma ordem objetiva no cosmos, do qual os humanos são apenas uma parte" [2]

O encontro entre Jung e Pauli estava inscrito no caráter comum do centro de suas preocupações filosóficas e existenciais. E esse encontro foi atualizado, como que por acaso, pela ocorrência da doença: em consequência de uma depressão

---

[2] Carta de Pauli a Fierz, de 12 de agosto de 1948, em K. von Meyenn, *Wolfgang Pauli. Wissenchaftlicher Briefwechsel*, Band IV, t. I, *1940-1949*, Berlin: Springer, 1993, p. 559.

profunda, surgida no inverno de 1931, Wolfgang Pauli (1900-1958) tornou-se paciente de Jung. Feliz acontecimento que iria engendrar uma interação de uma importância considerável para a nossa própria época. Certamente, a interação caminhou, como se deve, nos dois sentidos: o pensamento do grande físico influenciou de maneira incontestável – sobretudo pela compreensão do princípio de complementaridade da mecânica quântica e pela ideia de ordem acausal – o pensamento do grande psicólogo, e o pensamento do grande psicólogo incidiu sobre o pensamento do grande físico. Pauli reconheceu muitas vezes a influência do pensamento de Jung sobre seu próprio pensamento. Por exemplo, em uma carta endereçada a Markus Fierz, professor de física teórica na Universidade de Bâle, a propósito de seu artigo *A física fundamental*, ele escreveu: "Vejo, então, meu ensaio como uma modificação e uma ampliação das analogias feitas por Bohr em relação à física e à psicologia, graças à *aceitação do conceito de 'inconsciente'*, tal como é utilizado pelos psicólogos modernos da escola junguiana e de outras escolas".[3]

No entanto, essa influência recíproca não chegava a uma identidade de pontos de vista. Por exemplo, Pauli escreveu várias vezes que não compreendia o sentido que Jung atribuía aos fenômenos de sincronicidade e até mesmo afirmava que o estudo astrológico feito por Jung era um fracasso total.[4] Mas, ao mesmo tempo, Pauli contribuiu de maneira essencial para a elaboração da noção de sincronicidade.

É legítima a interrogação sobre o papel, talvez capital, que a experiência depressiva desempenhou na elaboração do pensamento de Jung e de Pauli. A experiência depressiva, enquanto morte para si mesmo seguida de um renascimento, pode ser vivida, pela profundidade vertiginosa do mergulho

---

[3] Carta de Pauli a Fierz, de 3 de novembro de 1948, em K. V. Laurikainen, *Beyond the Atom. The Philosophical Thought of Wolfgang Pauli*, Berlin: Springer, 1988, p. 74.

[4] Carta de Pauli a Fierz, de 3 de junho de 1952, em *ibid.*, p. 141.

em si mesmo, como uma verdadeira iniciação. Eu me arrisco até mesmo a formular a hipótese de que, nos dois casos, a experiência depressiva abriu as comportas do imaginário e da afetividade. Essas experiências depressivas foram, entretanto, assimétricas. Que eu saiba, Lupasco não passou por uma experiência depressiva.

No caso de Jung, ele tinha como pano de fundo um intelecto *demasiadamente vazio*; o pensamento estava como que bloqueado, suspenso às portas do reino do inconsciente. Um dos traços mais expressivos dessa experiência é o soberbo texto *Os sete sermões aos mortos.*[5] O testemunho do próprio Jung é capital e sem nenhuma ambiguidade: "Os anos durante os quais eu estive à escuta das imagens interiores constituíram a época mais importante de minha vida, no curso da qual todas as coisas essenciais se decidiram. Pois foi quando elas alçaram voo, e os detalhes que se seguiram não foram senão complementos, ilustrações, esclarecimentos. Toda a minha atividade posterior consistiu em elaborar o que havia brotado do inconsciente ao longo desses anos e que, acima de tudo, me inundou. Essa foi a matéria prima para a obra de uma vida."[6]

No caso de Pauli, tratava-se mais de um intelecto *demasiadamente pleno*. Pauli foi uma criança prodígio. Aos dezenove anos, ele já era autor de um volume de enciclopédia sobre a teoria da relatividade, volume que recebeu elogios do próprio Einstein. Aos vinte e quatro anos, ele fez sua principal descoberta científica – o princípio de exclusão – que leva seu nome e que lhe valeu o prêmio Nobel, em 1945. O traço mais expressivo dessa experiência foi sua convicção de que

---

[5] C. Maillard, *Les sept sermons aux morts de Carl Gustav Jung,* Nancy: Presses Universitaires de Nancy, 1993. O texto de Jung é citado integralmente no início do livro, na tradução para o francês de Christine Maillard.

[6] C. C. Jung, *Ma vie. Souvenirs, rêves et pensées recueillis par Aniela Jaffé,* Paris: Gallimard, "Témoins", 1992, p. 232. [*Memórias, sonhos e reflexões*. Compilação e Prefácio de Aniela Jaffé, tradução do inglês de Dora Ferreira da Silva, Rio de Janeiro: Nova Fronteira, 4ª ed., 1981].

o problema mais importante de nosso tempo é o problema psicofísico – a relação entre o espírito e a matéria –, problema que ele iria aprofundar até o final prematuro de sua vida. Para Pauli, a natureza holística do *unus mundus* implica que os estados que descrevem os domínios material e psíquico estejam imbricados. Ele considerou que a ciência do futuro conceberá a realidade como sendo simultaneamente física e psíquica, ao mesmo tempo indo além do físico e do psíquico.[7]

Se a obra filosófica escrita de Jung e de Lupasco é considerável, a de Pauli reduz-se a alguns artigos, todos em alemão. Ela se encontra expressa bem mais em sua correspondência. Ela revela um Pauli desconhecido pelo grande público – um grande pensador, certamente um dos maiores dentre os pais fundadores da mecânica quântica. O físico finlandês Kalervo Laurikainen, por exemplo, colocou à disposição do público alguns fragmentos da correspondência de Pauli com Fierz, em seu livro *Beyond the Atom – The Philosophical Thought of Wolfgang Pauli*. Uma análise muito interessante do pensamento filosófico de Pauli foi feita recentemente por Harald Atmanspacher e Hans Primas.[8]

Tudo acontece como se fosse experimentado um certo incômodo diante do pensamento filosófico, marcado pela influência de Jung, daquele que foi, no entanto, um dos maiores físicos desse século. Obviamente, o espírito e a alma perturbam sempre. No campo da ciência conhecida por "dura", a repressão ao inconsciente só pode ser dura. Mas o que poderia explicar, de modo mais profundo, o sentimento difuso de perigo associado ao pensamento de Jung, de Pauli e de Lupasco?

O cerne do problema é relativamente simples e pode ser expresso pela fórmula lapidar de Pauli, numerosas ve-

---

[7] Carta de Pauli à Pais, de 17 de agosto de 1050, em K. von Meyenn, *op. cit.*, t. I, *1950-1952*, Berlin: Springer, 1993, p. 152.

[8] H. Atmanspacher e H. Primas, "Pauli's ideas on mind and matter in the context of contemporary science", *Journal of Conciousness Studies*, vol. 13, nº 3, 2006, p. 05-50.

zes utilizada, sob formas ligeiramente diferentes, em sua correspondência com Fierz: "Nós mergulhamos excessivamente no século XVII".[9] Em outros termos, se a civilização ocidental persistir no caminho perigoso de uma separação demasiadamente brutal entre sujeito/objeto, ciência/religião, física/metafísica, causal/acausal, uma catástrofe será iminente.

A tarefa mais importante de nosso tempo: uma nova ideia de realidade

Jung, Pauli e Lupasco não se contentaram em constatar a existência de um foco potencial de destruição de nossa civilização ocidental. Eles se questionaram sobre a construção de um novo modelo de realidade, em concordância, por um lado, com a experiência psicológica e, por outro lado, com a experiência microfísica.

Transpor a etapa seguinte era quase inevitável: Jung, Pauli e Lupasco reconheceram, por caminhos diferentes, a existência de um isomorfismo entre o mundo quântico e o mundo psíquico. Na França, um pouco antes de Jung e Pauli, Lupasco chegou à mesma conclusão.[10] Aliás, o silêncio constrangedor que cercou os trabalhos de Jung, Pauli e Lupasco no mundo dos filósofos tem a mesma densidade. Pois as consequências da aceitação de tal ponto de vista seriam imensas e mesmo incalculáveis: tal isomorfismo poria em questão toda a evolução do mundo moderno, desde Galileu até os nossos dias. Mas esse questionamento não é negador: ele requer um retorno às origens da modernidade, enriquecido por toda a experiência da aventura da tecnociência.

---

[9] Ver a Carta de Pauli a Fierz, de 13 de outubro de 1951, em K.V. Laurikainen, *op. cit.*, p. 40.

[10] S. Lupasco, *L'expérience microphysique et la pensée humaine*, Mônaco: Rocher,"L'esprit et la matière", 1989.

O modelo de realidade proposto por Pauli pode ser resumido no esquema sugerido por Laurikainen: o observador está separado do real pelo muro do inconsciente.[11] A diferença entre os modelos de Pauli e de Bohr é muito clara: o papel dos instrumentos de medida, no caso de Bohr, é substituído pelo da psique do observador, no caso de Pauli.

À primeira vista, o real de Pauli (que Laurikainen denomina, numa terminologia que não é muito feliz, o "real transcendente"[12]) é praticamente idêntico ao "real velado" de d'Espagnat. Há, no entanto, uma diferença importante: o isomorfismo entre o mundo psíquico e o mundo quântico está ausente em d'Espagnat. Numa carta a Fierz, de 5 de março de 1957, Pauli escreveu que é razoável pensar que mesmo a matéria considerada "inerte" mostraria fracos componentes psíquicos.[13] Tais considerações seriam, certamente, rejeitadas por d'Espagnat, mas elas estão presentes na obra de Lupasco.[14]

Os níveis de realidade estão presentes em Jung e Pauli?

Seria possível afirmar que a noção de níveis de realidade está presente no modelo de Pauli? A resposta é simultaneamente "não" e "talvez sim". Superficialmente, se poderia crer que "não", porque o que está além do véu (o véu do inconsciente) não apresenta resistência e, consequentemente, não se pode verdadeiramente falar de "nível". O que está além do véu é, por definição, incognoscível.

Mas a resposta é também "talvez sim", tendo em vista que a descrição de Pauli é incompleta. Efetivamente, podem

---

[11] K.V. Laurikainen, *op. cit.*, p. 177.
[12] *Ibid.*, cap. 10, p. 140-154.
[13] Carta de Pauli a Fierz, de 5 de março de 1957, em K.V. Laurikainen, *op. cit.*, p. 84-85.
[14] S. Lupasco, *Les trois matières* [As três matérias], Paris: UGE,"10/18", 1970.

ser considerados dois tipos de objetos, radicalmente distintos: os objetos quânticos e os objetos clássicos.

A noção de níveis de realidade está também presente, implicitamente, na obra de Jung. No documentário televisivo *Face to Face*, Jung nos diz que "a psique não está inteiramente confinada no espaço e no tempo".[15] O espaço/tempo em questão é aquele do nível macrofísico. Portanto, existe uma categoria de fenômenos que se submete a leis radicalmente diferentes daquelas que agem no nível macrofísico e que pode ser denominada "nível psíquico".

De fato, as concepções de realidade de Jung e de Pauli são, ambas, compatíveis com a abordagem transdisciplinar.

Novos esclarecimentos sobre o debate ternário/quaternário

É bem evidente que um ternário ou uma tríade não implicam necessariamente o terceiro incluído. Por exemplo, a tríade pai/mãe/filho pode se decompor, em sua sucessão no tempo, em dois binários pai/mãe e mãe/filho. Do mesmo modo, a tríade hegeliana tese/antítese/síntese) também se decompõe em dois binários: tese/antítese e antítese/síntese.

O terceiro incluído possui um caráter necessariamente paradoxal, visto que ele implica a unificação do par de contraditórios mutuamente exclusivos (A, não-A).

Jung evidenciou muito bem esse caráter paradoxal quando descreveu o papel do Espírito Santo na Trindade: "Enquanto 'tertium', o Espírito Santo deve ser, então, necessariamente extraordinário, e mesmo paradoxal (...). Ele é uma *função* e, enquanto tal, a terceira pessoa da divindade". Em seu ensaio sobre o dogma da Trindade, Jung escreveu igual-

[15] C. G. Jung, *Face to Face*, entrevista realizada por John Freeman, transmitida pela BBC em 22 de outubro de 1959.

mente: "Resulta, então, uma tensão contraditória entre o Um e o Outro. Ora, toda tensão contraditória tende a *evoluir* para dar nascimento ao três. Com o *três* a tensão é anulada, pois a unidade perdida reaparece (...). A trindade é, portanto, a unidade que se desenvolve para se tornar perceptível. O três é o Um tornado perceptível que, sem a resolução dos contrários, o Um e o Outro, teria permanecido em um estado impossível de ser determinado".[16] Mas qual seria a natureza dessa unificação dos opostos? Seria ela racional ou irracional? Em relação ao campo psíquico, a resposta nos foi dada por Jung: "A unificação dos opostos em um *nível superior* não é uma tarefa racional e muito menos uma questão de vontade, mas um processo psíquico de desenvolvimento que se exprime através dos símbolos".[17]

Na natureza, essa unificação é paradoxal porém racional, na medida em que ela se revela através da experiência e da teoria científicas. Essa contradição entre o físico e o psíquico é, em minha opinião, apenas aparente. Se for considerada a noção que propus, a de níveis de realidade, essa contradição desaparece (a expressão "nível superior" utilizada por Jung é, aliás, significativa). Tudo ocorre como se a realidade física e a realidade psíquica estivessem estruturadas em "níveis", e que esses níveis se encontrassem em correspondência biunívoca. Mas a metodologia para explorar esses níveis é diferente em cada caso.

Nos dois casos, o três engendra uma imensa vertigem: vertigem do pensamento em relação ao mundo físico e vertigem do ser integral quanto ao mundo psíquico. Falando sobre a terceira fase da vida do homem, Jung escreveu: "As passagens desse tipo possuem, em geral, um caráter *numi-*

---

[16] C. G. Jung, *Essais sur la symbolique de l'esprit* [Ensaios sobre a simbólica do espírito], Paris: Albin Michel, 1991, p. 198 e 157.

[17] C. G. Jung, *Commentaire sur le mystère de la fleur d'or* [Comentário sobre o mistério da flor de ouro], Paris: Albin Michel, 1980, p. 39; os itálicos são nossos.

noso – trata-se de conversões, de iluminações, de abalos, de interrupções do destino, de experiências religiosas, ou seja, místicas ou análogas".[18]

Se o terceiro está incluído, forçosamente ele está *secretamente incluído*, já que ele aparece em um nível de realidade diferente do nosso. A passagem de um nível de realidade para um outro é extremamente difícil e até mesmo percebido como impossível. Nós estamos um pouco na situação desses habitantes de "Flatland" – mundo bidimensional, repentinamente posto em contato com uma realidade tridimensional.[19]

Jung sublinhou fortemente o desafio do dilema do três e do quatro: "Nós vemos que se trata aqui do *dilema entre o que é puramente imaginário e a realidade ou a atualização.* Trata-se, com efeito – particularmente para o filósofo que não se contenta em ser loquaz –, de um problema de primeira ordem, tão importante quanto o problema moral ao qual está estreitamente ligado".[20]

Pauli era um entusiasmado adepto do quaternário. Ele chegava até a empregar como fórmula final de suas cartas a Fierz a expressão: "saudações quaternárias".[21] Além desse fato curioso, Pauli acreditava, como Jung, no valor do quaternário para revalorizar a intuição, a vida interior, o imaginário, abrindo as portas desse fabuloso reservatório de energia que é o inconsciente, percebido como o irracional, o mal, as trevas.[22] Formulado de outra maneira: o que seria a razão com a presença de vários níveis de realidade?

Cada nível de realidade está ligado a um certo *nível de razão*. A razão é o conjunto dos níveis de razão. A imbricação e a coerência do conjunto de níveis de razão traduzem a imbri-

---

[18] C. G. Jung, *Essais sur la symbolique de l'esprit, op. cit.*, p. 223.

[19] E. A. Abbott, *Flatland. A Romance of Many Dimensions*, Bergenfield (N. J.): New American Library, 1984.

[20] C. G. Jung, *Essais sur la symbologie de l'esprit, op. cit.*, p. 160.

[21] Carta de Pauli a Fierz, de 14 de janeiro de 1956, em K.V. Laurikainen, *op. cit.*, p. 134.

[22] K.V. Laurikainen, *op. cit.*, cap. 9,"Quaternity", p. 125-139.

cação e a coerência do conjunto de níveis de realidade. Seria possível até mesmo ver a razão como engendrada pelo imaginário da natureza. Mas isso nos levaria muito longe. É preciso, contudo, distinguir "nível de razão" e "pequena razão". A "pequena razão" resulta da contração de todos os níveis de realidade em um só. Trata-se, portanto, ao menos no quadro do modelo que propomos, de uma razão delirante, irracional e até mesmo perigosa. Como podemos ver, com a presença de vários níveis de realidade, o irracional *muda de lugar*.

Haveria, verdadeiramente, uma oposição entre o ternário que implica o terceiro e o quaternário? O ternário pode ser concebido, como vimos, como instrumento de transição de um nível de realidade para um outro. Há dois sentidos possíveis dessa transição, pois há dois níveis imediatamente vizinhos a um nível de realidade bem determinado, onde se encontram os contraditórios A e não-A. Designemos por T_1 o terceiro que unifica os contraditórios no nível imediatamente "superior", e por T_2 o terceiro que unifica os contraditórios no nível imediatamente "inferior". Podemos distinguir, então, o quaternário exterior T_1AT_2A do quaternário interior A(não-A)T_1T_2, que tem a forma de uma cruz. Seria possível atribuir um sentido simbólico a essa cruz: o eixo horizontal A(não-A) poderia ser associado ao nosso desmembramento e ao nosso aprisionamento na luta dos opostos; o eixo vertical T_1T_2 poderia ser associado às duas possibilidades: de evolução e de involução; finalmente, o centro da cruz poderia ser associado ao ponto em que começa uma infinita ascensão ou uma infinita descida.

Não há verdadeira contradição entre o três e o quatro. Os quaternários que acabamos de discutir continuam no domínio do três. Aqui, estamos na esfera dos metanúmeros e não dos números.[23] Parece-me que o verdadeiro *quarto* de

[23] M.-L. von Franz, *Nombre et temps. Psychologie des profondeurs et physique moderne* [Número e tempo. Psicologia das profundezas e física moderna], Paris: La Fontaine de Pierre, 1983.

que falam Jung e Pauli surge, não na transição lógica, e sim na [transição] existencial e alógica de um nível de realidade para um outro. Nós reencontramos nesse debate ternário versus quaternário os mesmos elementos característicos do debate entre Abellio e eu.

O equívoco lógico e epistemológico de Umberto Eco

Em um nível de realidade bem determinado (digamos NR_0), a lógica clássica é válida. Particularmente, o *princípio de identidade* (A = A) é verdadeiro nesse nível. A influência de um outro nível de realidade, evidenciado pela teoria e experiência científicas, manifesta-se, no nível considerado, por meio de fenômenos contraditórios mutuamente exclusivos.

Dois níveis adjacentes estão ligados pela lógica do terceiro incluído, no sentido de que o estado T presente em um certo nível está ligado a um par de contraditórios (A, não-A) do nível imediatamente vizinho. Em cada etapa, implicando dois níveis de realidade vizinhos, o axioma de não-contradição é respeitado. A estrutura repetitiva da ação da lógica do terceiro incluído engendra a imbricação dos níveis e a coerência do conjunto da natureza. Um papel particular é desempenhado pelos três invólucros topológicos de todos os estados A, não-A e T. Há uma transmutação perpétua, iterativa e cíclica de um estado T dentro de um par de contraditórios (A, não-A), ou seja, uma amplificação contínua do princípio de não-contradição.

Elucidemos agora o problema lógico estabelecido pelas considerações de Umberto Eco vistas anteriormente. Cito-o novamente: "Falar de simpatia e de semelhança universais, significa ter refutado previamente o princípio de não-contradição. A simpatia universal é o efeito de uma emanação de Deus no mundo, mas na origem da emanação encontra-se um incognoscível, a própria sede da contradição. O pensamento neoplatônico cristão tentará explicar que nós não podemos definir Deus de maneira unívoca devido à inadequação de nossa linguagem. O pensamento hermético, por sua vez, afirma que quanto mais nossa linguagem é ambígua e polivalente, mais ela utiliza símbolos e metáforas, e melhor ela está capacitada para nomear um Um em que se realiza a coincidência dos opostos. Somente então, quando triunfa a coincidência dos opostos, o princípio de identidade desmorona. *Tudo é mantido.* Resultado: a interpretação é infinita (...). O pensamento hermético transforma o teatro do mundo em um fenômeno linguístico e, paralelamente, retira da linguagem todo o poder comunicativo".[24]

Há, em todas essas apreciações, uma confusão importante: a coincidência dos opostos não requer o abandono do axioma de identidade e do axioma de não-contradição, mas o abandono unicamente do princípio do terceiro excluído, que deve ser substituído pelo axioma do terceiro incluído. A não-contradição e a identidade não desmoronam, elas apenas são, bem ao contrário, amplificadas.

Esse processo de *amplificação da não-contradição* com a presença dos níveis de realidade é muito interessante, pois ele demonstra que a contradição não é *jamais*, de fato, completamente eliminada. Lupasco teve, por isso, finalmente razão ao nomear de "lógica da contradição" a sua lógica do terceiro incluído.

Como resultado, a interpretação não é infinita e sim finita, precisa e rigorosa. O teatro do mundo não se reduz a um fenômeno linguístico, que é somente uma faceta de uma realidade infinitamente mais rica. A deriva mais perigosa, atualmente, é a do pensamento unidimensional, que reduz tudo a um único nível de realidade. A natureza, presentemente, não é nem mágica, nem mecânica, nem morta – ela é *viva*, como Pauli pressentiu de maneira magistral.

[24] U. Eco, *op. cit.*, p. 55-66.

Algumas observações sobre o problema da sincronicidade

As considerações precedentes nos conduzem para um novo esclarecimento sobre o problema, sempre controverso, da sincronicidade.[25] Precisamos, primeiramente, distinguir "fenômenos de sincronicidade" e "teoria da sincronicidade". Se a existência dos fenômenos de sincronicidade é mais ou menos aceita, inversamente, a própria existência de uma teoria da sincronicidade está longe de ser evidente. Essa situação um pouco paradoxal é bem ilustrada pela amplitude do debate entre Jung e Pauli em relação à compreensão da sincronicidade, debate bem resumido por Laurikainen.[26]

O centro do debate é evidenciado em uma carta endereçada por Pauli a Fierz, em 26 de novembro de 1949: "O segundo tema de sua carta, concernente ao ponto de vista de Jung sobre 'a sincronicidade' etc, é mais difícil. Quando o visitei no final do mês de julho (...) ele enfatizou que é particularmente importante restringir a 'causalidade' a causas 'concretas' ou 'mensuráveis', situadas no espaço e no tempo (para *evitar* incluir no conceito de causalidade tudo o que pertence à classe das causas 'mágicas' ou 'simbólicas', escapando ao espaço e ao tempo) (...). Quanto a mim, tenho a impressão de que uma questão ainda mais importante é o fato de que o estudo dos supostos fenômenos de 'sincronicidade' implica fatores (...) que escapam ao nosso controle a tal ponto que uma reprodutibilidade satisfatória desses fenômenos não é possível (...)".[27]

A questão fundamental é, portanto, de ordem *metodológica*. Jung e Pauli reconheceram que os postulados metodoló-

---

[25] H. Reeves, M. Cazenave, P. Solié, K. Pribram, H.-F. Etter e M.-L. von Franz, *La synchronicité, l'âme et la science. Existe-t-il un ordre acausal?* [A sincronicidade, a alma e a ciência. Existiria uma ordem acausal?], Paris: Poiesis, 1984.

[26] K.V. Laurikainen, *op. cit.*, p. 80-86.

[27] *Ibid.*, p. 82.

gicos da ciência moderna não são compatíveis com os fenômenos de sincronicidade. Mas, uma vez feita essa constatação, seus caminhos divergiram. Jung parecia nutrir a esperança de que uma generalização desses postulados fosse capaz de explicar uma *ordem causal,* incluindo regularidades de um novo tipo: "as relações inconstantes através das contingências".[28]

Ao contrário, Pauli parecia abandonar toda a esperança de encontrar uma explicação científica dos fenômenos de sincronicidade, aceitando o caráter *não reprodutível* desses fenômenos: sua posição estava mais próxima de uma filosofia da natureza do que da ciência propriamente dita. Trata-se, certamente, de uma nuança, mas ela é capital no contexto de nossa discussão.

A estrutura gödeliana da natureza e do conhecimento, exposta anteriormente, nos permite obter um esclarecimento interessante sobre os fenômenos de sincronicidade. Convém distinguir empiricamente duas classes de fenômenos de sincronicidade: os eventos *raros* e os eventos *singulares.* Os eventos raros respondem a uma necessidade natural, tendo em vista que deve haver abertura de um nível de realidade para os outros níveis. Esses eventos raros são como uma "piscadela" da natureza, no sentido de que eles assinalam alguma coisa importante em termos do funcionamento *mecânico* da natureza, sem que tenham uma significação psíquica particular: eles requerem, simplesmente, uma certa *atenção* de nossa parte, enquanto observadores ou testemunhas. Inversamente, os eventos singulares, que também têm um lugar lógico na estrutura gödeliana da natureza, requerem nossa *participação* efetiva e afetiva. Esses eventos são transformadores, uma vez que eles assumem uma significação simbólica no que diz respeito a nossa vida interior.

Pauli escreveu, numa carta endereçada a Fierz em 15 de março de 1957, a propósito dos fenômenos de sincronicidade: "Para mim, eles parecem estar claramente presentes!

[28] *Ibid.*, p. 85.

A formulação de Gödel faz-me lembrar fortemente desses fenômenos Σ [esta letra grega denota a sincronicidade], aos quais o conceito de probabilidade não pode mais ser aplicado".[29] O próprio Pauli pensava, portanto, que havia uma relação entre a estrutura gödeliana da natureza e os fenômenos de sincronicidade. Efetivamente, o tema da sincronicidade está emoldurado por um contexto muito mais vasto – o da busca de uma nova abordagem da realidade, baseada na interação entre sujeito e objeto.

Jung caminhou no mesmo sentido: "A sincronicidade não é mais enigmática ou mais misteriosa do que as descontinuidades da física".[30] Jung estava coberto de razão. Mas nós podemos ir mais longe e afirmar que a sincronicidade e a descontinuidade quântica são duas facetas da unidade complexa sujeito/objeto.

Reducionismo, antirreducionismo e transreducionismo

A teoria transdisciplinar dos níveis de realidade concilia reducionismo e antirreducionismo. Ela é, em certo sentido, uma teoria multirreducionista, pela existência de níveis de realidade descontínuos e múltiplos. Mas ela é também uma teoria antirreducionista, graças à presença do terceiro oculto, que restaura a interconexão contínua da realidade. A oposição reducionismo/antirreducionismo é, de fato, o resultado do pensamento binário, baseado na lógica do terceiro excluído. A teoria transdisciplinar dos níveis de realidade nos permite definir uma nova percepção da realidade, que nós denominamos *transreducionismo*.

A noção transdisciplinar de níveis de realidade é incompatível com a redução do nível espiritual ao nível psíquico,

[29] *Ibid.*
[30] C. G. Jung, *Synchronicité et Paracelsica*, Paris: Albin Michel, 1988.

do nível psíquico ao nível biológico e do nível biológico ao nível físico. Contudo, esses quatro níveis são unificados pelo terceiro oculto. Mas essa unificação não pode ser descrita por uma teoria científica. Por definição, a ciência exclui a não-resistência. A ciência, tal como é definida atualmente, está limitada por sua própria metodologia.

A noção transdisciplinar de níveis de realidade conduz também a uma nova visão da *pessoa* humana, baseada na inclusão do terceiro oculto. Na abordagem transdisciplinar, nós estamos diante de um *sujeito múltiplo*[31] capaz de conhecer um *objeto múltiplo.* A unificação do sujeito é realizada pela ação do terceiro oculto, que transforma o saber em *compreensão.* "Compreensão" significa aqui a fusão entre o saber e o ser. Em um certo sentido, o terceiro oculto aparece como sendo a fonte do conhecimento, mas, por sua vez, ele tem necessidade do sujeito para conhecer o mundo: o sujeito, o objeto e o terceiro oculto estão interligados, ou antes, *transligados.* A pessoa humana aparece como a interface entre o mundo e o terceiro oculto. O ser humano tem, portanto, duas naturezas: uma natureza animal e uma natureza divina, transligadas e inseparáveis. A eliminação do terceiro oculto do conhecimento significa um ser humano unidimensional, reduzido às células, neurônios, quarks e partículas elementares.

O que é a realidade?

As abordagens filosóficas de Jung, Pauli e Lupasco, enriquecidas pela noção de níveis de realidade, constituem uma abordagem aberta, situada no centro da modernidade. Elas contribuem para o surgimento de uma visão renovada da natureza, conduzindo à abordagem transdisciplinar de uma realidade multidimensional, estruturada em múltiplos níveis, fundamento de nossa esperança e de nossa verticalidade.

---

[31] C. Braga, *De la arhetip la anarhetip,* Iasi: Polirom, 2006.

"O que é a realidade?" – questiona-se Charles Sanders Peirce.[32] Ele nos diz que talvez nada corresponda a nossa noção de "realidade". Seria, talvez, a nossa tentativa desesperada de conhecer que produziria essa hipótese não justificada? Mas, ao mesmo tempo, Peirce nos diz: se há verdadeiramente uma realidade, então ela deve consistir em que o mundo vive, move-se e apresenta em si mesmo uma lógica dos acontecimentos que corresponde a nossa razão.

Nós somos parte integrante do movimento da realidade. Nossa liberdade consiste em entrar harmoniosamente nesse movimento vivo ou em perturbá-lo. A realidade depende de nós: ela é plástica. Nós podemos responder ao movimento da realidade ou impor nossa vontade de poder e de dominação. Nossa responsabilidade é de edificar um futuro sustentável em conformidade com o movimento global da realidade.

[32] C. S. Peirce, *The New Elements of Mathematics*, The Hague: Mouton Humanities Press, 1976, vol. IV, p. 383-384.

Capítulo 5

Stéphane Lupasco e Gaston Bachelard: sombras e luzes

A influência de Stéphane Lupasco sobre a cultura francesa foi considerável, porém, na maioria dos casos, subterrânea. Inclassificável, Lupasco era considerado como filósofo pelos físicos e como físico pelos filósofos e, o que é ainda pior, como de direita pelos intelectuais de esquerda e de esquerda pelos de direita. No cruzamento da cultura francesa com a cultura romena, da cultura científica com a cultura humanista, Lupasco prefigura o que Jean-François Malherbe chama de um "nômade poliglota".[1] figura emblemática de uma Europa em busca de identidade e de um mundo que padece devido à globalização.

O problema das relações entre Stéphane Lupasco e Gaston Bachelard (1884-1962) constitui um mistério ainda não elucidado. Bachelard teve uma grande consideração pela tese de doutorado de Lupasco, de 1935, e ajudou-o a ingressar no CNRS. Em uma carta de recomendação, de 7 de dezembro de

---

[1] J.-F. Malherbe, *Le nomade polyglotte. L'excellence éthique en postmodernité* [O nômade poliglota. A excelência ética na pós-modernidade], Québec: Bellarmin, 2000.

1942, quando diretor do Instituto de História das Ciências e Técnicas, ele escreveu: "Eu acompanho, há numerosos anos, os trabalhos filosóficos de Stéphane Lupasco. Desde sua tese de doutorado, ele destacou-se como um dos espíritos mais originais e melhor qualificados para o trabalho de filosofia científica. Seu recente livro *L'expérience microphysique et la pensée humaine* é uma obra de grande valor filosófico. (...) Eu considero Stéphane Lupasco como um dos melhores espíritos filosóficos de nossa época".[2]

Lupasco, por sua vez, teve uma grande admiração pelos trabalhos de Bachelard, como se pode constatar, por exemplo, em sua crônica sobre *La dialectique de la durée*, publicada em 1936 (portanto, um ano após a publicação de sua tese de doutorado), em *Thalès*. Mas essa admiração é sempre um pouco polêmica. Detenhamo-nos por um instante nesse artigo, cujo tom é, ao mesmo tempo, surpreendente e significativo. Lupasco escreveu com entusiasmo: "Este livro que pretende ser, desde as primeiras páginas, 'uma propedêutica a uma filosofia do repouso', mal deixa retomar o fôlego. (...) Tudo nele é denso e rapsódico. (...) Nós somente poderemos, então, (...) esboçar uma polêmica sobre o que já invoca a polêmica em seu favor. (...) (A) polêmica de Bachelard depende bem mais do Balé Russo do que do Tribunal de Justiça." Qual seria o cerne do problema? Lupasco declarou sem rodeios: "Um valor existencial que nem sempre desfrutou da atenção que merecia deveria, portanto, ser resgatado: a negação. Nós mesmos, em nossos trabalhos (Vrin, 1935), que têm muitos pontos em comum com o atual ensaio de Bachelard, temos insistido muito sobre o papel fundamental da negação. Como Bachelard, nós também acreditamos que ela depende do tempo. Mas, para nós, ela é o próprio tempo; Bachelard acrescenta a afirmação, de modo que ambas engendram." E

---

[2] G. Bachelard, carta de 7 de dezembro de 1942, com o cabeçalho: *Université de Paris, Institut des Sciences et des Techniques, 13, rue du Four (VIe)*, 1 página (arquivos Alde Lupasco-Massot).

Lupasco deu uma alfinetada, alfinetada que lhe foi, talvez, fatal: "Lamentaríamos aqui, por ver Bachelard disposto, talvez quase que em demasia, a escutar as sereias hegelianas? O que quer que tenha sido dito e redito, Hegel continua a ser o coveiro de toda intuição verdadeiramente dialética. Se Bachelard souber parar – como nós mesmos tentamos fazer – na dualidade dialética, ele evitará esse terceiro e fúnebre termo do hegelianismo que, tão assintótico quanto se queira concebê-lo, marca o final de uma época e só pode se revelar – como é provado pela história – como uma perfeita esterilidade científica".[3]

Vê-se aqui toda a inocência de Lupasco. Ele era incapaz de conceber o mal. Ainda que ele tenha sido de uma perfeita cortesia e de uma grande generosidade em sua vida cotidiana, não respeitava as convenções sociais em sua obra: ele acreditava no poder absoluto da verdade.

Um esfriamento progressivo de suas relações pode ser percebido na correspondência entre Bachelard e Lupasco, e também em suas respectivas obras. O fato de Lupasco ter sido obrigado a deixar o CNRS, em 1956, tem, provavelmente, uma ligação com essa situação, por Bachelard exercer a função chave de diretor de pesquisa de Lupasco. Eu apenas posso, no estado atual da pesquisa bibliográfica, formular uma hipótese.

Em 1940, Bachelard publicou seu célebre livro *La philosophie du non*, editado por Presses Universitaires de France. O tom dessa obra é espantosamente lupasciano, mas Lupasco só foi citado de maneira marginal. Bachelard citou a tese de 1935: "No sentido dessa aproximação [entre a dialética filosófica e a dialética científica], podemos citar os trabalhos de Stéphane Lupasco. Em sua importante tese sobre *Le dualisme antagoniste et les exigences historiques de l'esprit*, Stéphane Lupasco estudou, longamente, todas as dualidades que

[3] S. Lupasco, "'La dialectique de la durée' de Gaston Bachelard", *Thales*, 1936, p. 189-194.

se impõem ao conhecimento, tanto do ponto de vista científico quanto do ponto de vista psicológico." E acrescentou: "Stéphane Lupasco desenvolveu sua filosofia dualística relacionando-a aos resultados da física contemporânea, em um trabalho que ele gentilmente nos *comunicou em manuscrito*".[4] Trata-se, seguramente, de *L'expérience microphysique et la pensée humaine* que foi publicado, no mesmo ano, não na França, mas na Romênia. Essa obra somente seria publicada por Presses Universitaires de France em 1941.[5] Bachelard dedicou um substancial capítulo de seu livro a "La logique non aristotélicienne", onde cita abundantemente um pensador menos original que Lupasco, Alfred Korzybski. O nome de Lupasco não foi citado uma única vez.

Mas, prossigamos a leitura desse episódio, onde talvez possamos encontrar a chave do enigma. Bachelard escreveu: "Esse último trabalho extrai, vantajosamente, uma sólida metafísica da microfísica. Seria desejável que ele pudesse ser publicado. Nós não iremos, todavia, tão longe quanto S. Lupasco. Ele não hesita em integrar, de certa maneira, o princípio de contradição na intimidade do saber. A atividade dualizadora do espírito é, para ele, incessante. Para nós, ela se limita a acionar uma espécie de caleidoscópio lógico que, repentinamente, abala as relações, mas que sempre mantém as formas. Nosso suprarracionalismo é feito, portanto, de sistemas racionais simplesmente justapostos. A dialética somente nos serve para contornar uma organização racional por meio de uma organização suprarracional muito precisa. Ela somente nos serve para virar de um sistema para um outro." E Bachelard continuou: "Uma filosofia do não que apenas visa sistemas justapostos, sistemas que se colocam em um pon-

---

[4] G. Bachelard, *La philosophie du non. Essai d'une philosophie du nouvel esprit scientifique*, Paris: PUF, 1940, p. 136; o itálico é nosso. Dedicatória autografada:"Ao Sr. Stéphane Lupasco, como testemunho de viva estima e com toda simpatia"(arquivos Basarab Nicolescu).

[5] S. Lupasco, *L'expérience microphysique et la pensée humaine* [A experiência microfísica e o pensamento humano], Paris: PUF, 1941.

to preciso em relação de complementaridade, tem o cuidado inicial de jamais negar duas coisas ao mesmo tempo. Ela não tem nenhuma confiança na coerência de duas negações. A filosofia do não se negaria a subscrever, portanto, a opinião, no fundo ingênua, de Novalis: 'Da mesma maneira que todos os conhecimentos estão encadeados, todos os não-conhecimentos também se encadeiam. Quem pode criar uma ciência, deve também poder criar uma não-ciência. Quem pode tornar uma coisa compreensível, deve também poder torná-la incompreensível. O mestre deve poder produzir a ciência e a ignorância'."[6] O essencial foi dito nesses textos. Se Bachelard adotou sem reservas a ideia lupasciana da "atividade dualizadora do espírito", ele recusou, no entanto, a posição "ingênua" de Novalis (e de Lupasco) que consiste em introduzi-la na "intimidade do saber".

Uma profunda divergência de pontos de vista foi assim criada, com o tempo, entre Bachelard e Lupasco. A palavra "divergência" figura aliás, com todas as letras, em uma carta – ademais, muito calorosa – que Bachelard enviou a Lupasco em 24 de abril de 1939: "Quando seu livro for impresso, ficarei muito contente em fazer uma resenha simpática na qual, apesar das divergências, mostrarei o valor objetivo de sua concepção. É certo que se pode fazer a dualidade contraditória penetrar mais ou menos profundamente, mas, de qualquer maneira, deve-se reservar-lhe um lugar. Você acredita dever ir até o fundo. Eu coloco os pontos de segmentação em um outro nível."[7] A palavra "divergência" foi retomada por Lupasco, oito anos mais tarde, no prefácio de *Logique et contradiction*: "Bachelard esgueira-se, então, nos tafetás envolventes desta última [a lógica de Hegel] e atribui um sentido novo e dos mais prudentes à dialética: um *não* incessante vitaliza e deve vitalizar a razão, a fim de que o espírito elabore e torne preci-

6 G. Bachelard, *op. cit.*, p. 136-137.

7 G. Bachelard, carta a Stéphane Lupasco, Dijon, 24 de abril de 1939, 4 páginas (arquivos Alde Lupasco-Massot).

so aquilo que ele chama de um *suprarracionalismo*. Mas, se é preciso dialetizar tudo, a dialética permanece, para ele, como nada mais que um método a serviço de um saber dominador e único juiz. (...) É sobre esse aspecto, de uma importância incalculável, cremos nós, que nossas pesquisas divergem, tanto em relação a Bachelard como em relação ao hegelianismo."[8]

A resenha "simpática", e até mesmo generosa, de que falou Bachelard em sua carta de 24 de abril de 1939, foi efetivamente publicada na *Revue Philosophique*. Bachelard saudou "um livro pleno de fatos, pleno de provas, um livro que prepara a psicologia de uma verdadeira liberdade da razão". E observou com delicadeza: "Jogar, então, modifica o jogo do adversário. Contar modifica a conta. Observar modifica o objeto de observação. E se poderia dizer, para traduzir o caráter profundo da *intuição contraditorial* de Lupasco: a verificação suscita aquilo que vai contradizer o verdadeiro. Logo que se compreende o caráter *operatório* do conhecimento, nota-se que toda *operação de conhecimento,* que determina as formas do conhecimento, prepara a contradição ativa que propõe uma espécie de antiforma à experiência. Lupasco fará dessa dialética ativa uma regra de método (...)." A observação de Bachelard sobre a relação entre sujeito e objeto foi fundamental: "*Logicizar* uma dualidade de seres experimentais que os teóricos da física estavam limitados a *matematizar,* tal parece ser o esforço que dirige a metafísica de Lupasco. Só será possível ver melhor todo o alcance de tal concepção quando Lupasco publicar seus trabalhos sobre o aspecto propriamente lógico da física teórica. Mas, desde já, percebe-se todo o interesse de semelhantes pesquisas. Nesse campo intermediário entre as obrigações experimentais e as obrigações do pensamento, a microfísica requer concepções em que as atividades do objeto e as atividades do sujeito sejam inseparáveis. Tais concepções, difíceis de serem nomeadas, têm

---

[8] S. Lupasco, *Logique et contradiction* [Lógica e contradição], Paris, PUF, 1947, p.VIII.

necessidade de um metafísico que se preocupe com o aspecto vital, com o aspecto biológico do conhecimento." E Bachelard concluiu: "Lupasco é um deles. Ele fornece à metafísica uma contribuição importante."[9] Que esplêndido elogio!

Apesar da polêmica filosófica, a relação entre Bachelard e Lupasco continuou cordial e até mesmo íntima, como prova uma carta de Bachelard de 29 de outubro de 1946: "Meu caro amigo, sua carta nos chega hoje, em Dijon, onde fomos forçados a prolongar nossa estadia. Nós não poderemos, portanto, estar com vocês no domingo. Há mais de três semanas, Suzanne sofreu um acidente. Ela caiu sobre um vidro na cidade e feriu-se profundamente na mão direita. Depois de muito sofrimento, somente agora começa a cicatrização. Acabam de ser retirados os últimos pontos. Não tenho forças para isso. Fiquei muito atormentado depois desse acidente. Espero, no entanto, que possamos em breve voltar para casa."[10]

O que podemos concluir? Houve, certamente, influência de Lupasco sobre Bachelard, influência que, talvez, o próprio Bachelard ignorasse em toda a sua extensão. É até mesmo possível que Lupasco tenha experimentado uma certa amargura ao ver que o venerável mestre não lhe atribuía todo o crédito que lhe era devido. Pode ser também que problemas de ordem sentimental tenham perturbado a relação entre Bachelard e Lupasco. Mas, para além do aspecto psicológico, que ilustra, infelizmente, os costumes tão corriqueiros da tribo intelectual, o que nos parece importante é a divergência filosófica entre Bachelard e Lupasco, que revela, uma vez mais, a posição singular de Lupasco na filosofia francesa, situando-se na tradição de Novalis e não naquela de Descartes.

---

[9] G. Bachelard,"Stéphane Lupasco: l'expérience microphysique et la pensée humaine"[Stéphane Lupasco: a experiência microfísica e o pensamento humano], *Revue Philosophique*, nos 10-12, 1942-1943, p. 155-158.

[10] G. Bachelard, carta a Stéphane Lupasco, Dijon, 29 de outubro de 1946, 1 página (arquivos Alde Lupasco-Massot). Suzanne era filha de Gaston Bachelard. Ela nasceu em 18 de outubro de 1919 e faleceu em 3 de novembro de 2007.

Capítulo 6

Do mundo quântico ao mundo da arte

Na década de 1950 a 1960, o nome de Lupasco ingressou de maneira fulgurante no mundo da arte. No entanto, ele vinha de muito longe – do mundo quântico, aquele do infinitamente pequeno e infinitamente breve. Como seria possível explicar esse fenômeno insólito?

André Breton: da admiração à exclusão

Por ocasião de uma entrevista, em 1952, André Parinaud perguntou a André Breton: "Você não considera, então, que as ciências físicas, que há cinquenta anos vêm modificando a estrutura de nossa concepção do mundo, tenham influenciado a obra dos artistas?". André Breton respondeu: "Eu testemunho que os artistas têm sido unânimes, ou quase, em seu desinteresse pela teoria dos Quanta e pela mecânica de Heisenberg (...). Reconheço que as pontes não foram absolutamente rompidas graças a alguns pensadores como Gaston Bachelard, a quem o surrealismo deve, notavelmente, a possibilidade de se mirar através de um 'suprarracionalismo', e a Stéphane Lupasco, que não somente resgatou a honra da afetividade no plano filosófico, mas que ainda, no final de seu

Essai d'une nouvelle théorie de la connaissance, cumprindo de modo bem particular o compromisso dos poetas, substituiu o princípio de não-contradição pelo princípio de complementaridade contraditória."[1] A obra à qual Breton se refere é o segundo volume do primeiro livro de Lupasco, *Du devenir logique et de l'affectivité*,[2] escrito em 1935.

André Breton e Stéphane Lupasco conheceram-se e relacionaram-se com respeito mútuo. Breton foi um dos primeiros a perceber a importância da filosofia de Lupasco para a compreensão da arte. Em uma entrevista publicada em Madri, em 1950, ele disse: "Atualmente, é bem conhecido que o surrealismo não se propôs nada além de fazer o espírito transpor a barreira erguida pelas antinomias do tipo ação e sonho, razão e loucura, sensação e representação etc, que constituem o principal obstáculo do pensamento ocidental. Em seu esforço contínuo nesse sentido, ele não parou de avaliar os suportes que encontrava na dialética de Heráclito e de Hegel (em função, recentemente, da retificação fornecida pelos trabalhos de Stéphane Lupasco) (...)."[3] Nessa entrevista, Breton refere-se ao magnífico livro de Lupasco *Logique et contradiction*,[4] pelo qual ele experimentava uma contínua admiração. De fato, a obra de Lupasco está centrada no que se pode chamar de as *antinomias transfiguradas*. Foi justamente o que incomodou Sartre: "Para Sartre, que localiza a realidade no próprio campo da consciência", escreve Mark Polizzotti, "as tentativas de Breton para unificar ação consciente e ação

---

[1] A. Breton, "Les artistes modernes se soucient moins de beau que de liberté" [Os artistas modernos importam-se menos com o belo do que com a liberdade], *Arts*, 7 de março de 1952, p. 7, compilação de A. Parinaud, em A. Breton, *Entretiens (1913-1952)*, Paris, Gallimard, "Le point du jour", 1952, p. 296-297.

[2] S. Lupasco, *Du devenir logique et de l'affectivité*, vol. 1, *Le dualisme antagoniste et les exigences historiques de l'esprit*, vol. 2, *Essai d'une nouvelle théorie de la connaissance*, Paris: Vrin, 1935.

[3] A. Breton, "Interview" de Jose M. Valverde, *Correo Literário*, Madrid, setembro de 1950, em A. Breton, *Entretiens, op. cit.*, p. 283.

[4] S. Lupasco, *Logique et contradiction*, Paris: PUF, 1947.

inconsciente em um 'certo ponto do espírito', onde as dualidades 'deixam de ser [percebidas] contraditoriamente', são, no melhor dos casos, frívolas. 'A origem profunda do mal-entendido', escreve Sartre, 'reside no fato de que o surrealismo se preocupa muito pouco com a ditadura do proletariado e vê na revolução, como pura violência, a finalidade absoluta, enquanto que o comunismo se propõe como finalidade a tomada do poder e justifica, através dessa finalidade, o sangue que verterá'."[5] Se Sartre pensava isso de Breton, pode-se facilmente imaginar o horror que ele devia sentir por Lupasco...

As apreciações de Breton são ainda mais claras em *L'anthologie de l'humour noir* onde, no capítulo dedicado a Jean-Pierre Duprey, ele se referiu novamente a *Logique et contradiction*: "A ideia de preeminência atribuída à luz sobre a obscuridade pode, sem dúvida, ser tida como um resíduo da esmagadora filosofia grega. Eu atribuo, a esse respeito, uma importância fundamental e uma virtude libertadora das mais elevadas à objeção apresentada por Stéphane Lupasco em relação ao sistema dialético de Hegel, muito mais tributário ainda de Aristóteles do que seria desejável (...)", e acrescentando: "Essa obra – aos olhos dos artistas – também terá o imenso interesse de estabelecer e esclarecer a conexão, 'das mais enigmáticas', que existe entre os valores lógicos e sua contradição, por um lado, e os dados afetivos, por outro lado".[6]

De fato, *Logique et contradiction* é uma surpreendente meditação sobre a *afetividade*, que aparece como um mundo à parte em relação ao mundo lógico. "Em todo conhecer, na própria estrutura de todo processo cognitivo, há, portanto, um *sujeito de desconhecimento* e um *objeto de conhecimento*" – escreveu Lupasco. "E encontra-se aí a origem da lógica inconsciente e da lógica consciente, que caracterizam a experiência

[5] M. Polizzotti, *André Breton*, Paris: Gallimard,"Biographies", 1995, p. 628.

[6] A. Breton, *Anthologie de l'humour noir* [Antologia do humor negro], Paris: Sagittaire, 1950, p. 345.

lógica." A afetividade está diretamente ligada à interação entre o sujeito e o objeto. Na ausência da afetividade, o sujeito torna-se objeto. A afetividade tem, portanto, "uma natureza exterior em relação à natureza do universo lógico". Ela "não é nada daquilo que é a experiência ou a lógica, não é nem idêntica nem diversa, nem extensiva nem intensiva, nem temporal, (...) ela escapa, por isso mesmo, a toda conceitualização". Lupasco escreveu ainda: "A afetividade, ou o ser, está como que em concordância com as configurações existenciais do não-ser lógico, sem que possamos apreender, nem enquanto configuração lógica, nem enquanto afetividade, a origem e as razões, o sentido dessa contribuição recíproca".[7]

Breton deve ter tido, certamente, muito a meditar sobre o terceiro capítulo, "La logique de l'Art ou l'expérience esthétique". Para Lupasco, a arte é a busca da "contradição lógica existencial" e a estética é "a ciência quântica em germe, na infância", uma "consciência da consciência". A arte de uma dada época utiliza o material cognitivo da respectiva etapa e, consequentemente, a história da arte se insere "na história do conhecer, ou seja, no devir lógico". Lupasco profetiza que a arte "desabrochará mais amplamente cerca do final de um desenvolvimento 'utilitário', ou seja, de um desenvolvimento lógico de cognição".[8] Essa profecia devia ter uma ressonância particular em Breton.

Foi com muita naturalidade que André Breton solicitou a Stéphane Lupasco que respondesse, ao lado de Heidegger, Blanchot, Malraux, Bataille, Magritte, Caillois e Joyce Mansour, o famoso questionário publicado em *L'Art Magique*. Em um cartão postal de 16 de setembro de 1955, André Breton escreveu a Lupasco: "Ainda que os srs. filósofos me tenham mimado (o que está longe de ser o caso), sua opinião dentre as deles não deixaria de ser a mais preciosa para mim".[9]

---

[7] S. Lupasco, *Logique et contradiction, op. cit.*, p. 61,135,131 e203.
[8] *Ibid.*, p. 164, 165, 168 e 169.
[9] Arquivos Alde Lupasco-Massot.

Lupasco menciona, em seu texto, "o conflito cosmológico do sujeito e do objeto" e considera que a magia banha-se no mistério "porque o mistério dos mistérios é precisamente essa realidade indiscutível e absoluta dos estados afetivos". Pode-se penetrar esse mistério, propõe Lupasco, "magicamente", por uma "causalidade que salta". O "psiquismo mágico", "com suas sombras mágicas, essas sombras que penetram o mistério ontológico da afetividade",[10] corresponde à terceira matéria de Lupasco.

A dedicatória feita por André Breton no exemplar de *L'Art Magique* enviado a Lupasco é, ao mesmo tempo, comovente e inquietante: "A Stéphane Lupasco, o primeiríssimo a estar qualificado para penetrar essas sombras mágicas do psiquismo (e de quem, aliás, eu me aterrorizo em pensar que tenha podido prestar-se à glorificação de medidas inquisitoriais!)".[11] De que "medidas inquisitoriais" poderia tratar-se exatamente?

Georges Mathieu e o engaiolamento de Aristóteles

Efetivamente, em sua dedicatória Breton refere-se à exposição "Cerimônias Comemorativas da Segunda Condenação de Siger de Brabant", organizada por Mathieu e Hantaï nas cinco salas da galeria Kleber, em Paris, de 7 a 27 de março de 1957. O programa dessas "cerimônias",[12] que se desenrolaram em um ritmo frenético durante três semanas, guarda a lembrança de uma série prodigiosa de cenários, encenações, obras de arte, documentos, programas musicais, conferências e declarações. Várias personalidades importantes – Carl Gustav

[10] S. Lupasco, "Réponse au questionnaire d'André Breton" [Resposta ao questionário de André Breton], em A. Breton, em colab. com G. Legrand, *L'art magique,* Paris: Club Français du Livre, 1957, p. 76-77.

[11] Alde Lupasco-Massot, comunicação particular.

[12] G. Mathieu, *L'abstraction prophétique* [A abstração profética], Paris: Gallimard,"Idées", 1984, p. 317-332.

Jung, T. S. Eliot, Karl Jaspers, Gabriel Marcel, Jean Paulhan e Stéphane Lupasco – participaram desse evento, que teve uma grande repercussão na mídia. O objetivo da insólita, mas muito minuciosamente preparada, manifestação era de "contestar os fundamentos de nossa civilização ocidental, desde a invasão da Europa e, portanto, da França, pelo pensamento de Aristóteles tal como foi traduzido por Siger de Brabant. Esses eventos que retraçam a evolução cultural e espiritual do Ocidente, desde o édito de Milão de 313 até 1944, reativam as convicções particulares que endossam o engajamento irreversível de Georges Mathieu em favor de um 'renascimento'."[13]

Stéphane Lupasco estava presente na parte do programa intitulada "Ciclo popular 1832-1944 (Da encíclica *Mirari vos* à revolução de 1944-1946)", particularmente na seção "Principais Momentos Comemorados". Em uma das salas, podia ser visto um imenso retrato de Lupasco. Embaixo desse retrato, à sua esquerda, Mathieu colocou um pequeno busto de Aristóteles dentro de uma gaiola fechada por uma grade. Em toda a área circundante, sobre as paredes, o piso, o teto, havia inumeráveis fotografias, objetos e inscrições. Uma das fotografias feitas durante a exposição nos mostra Mathieu contemplando Lupasco e Aristóteles.[14] Um trio interessante – Aristóteles, Lupasco, Mathieu – surgiu assim durante a manifestação. Mathieu teve uma percepção correta ao enfatizar a oposição Lupasco/Aristóteles. Ela é uma herança da oposição Heráclito/Parmênides que atravessa toda a história da filosofia ocidental.[15]

Esse evento, certamente provocador, poderia justificar a exclusão de Lupasco? Em todo caso, o silêncio foi instaurado nas relações entre Breton e Lupasco.

---

[13] L. Harambourg, *Georges Mathieu*, Neuchâtel: Ides et Calandes, 2001.

[14] Arquivos de Alde Lupasco-Massot.

[15] J.-F. Malherbe,"Un choix décisif à l'aube de l'éthique: Parménide ou Héraclite"[Uma escolha decisiva na aurora da ética: Parmênides ou Heráclito], em fase de edição.

Mathieu conheceu Lupasco em 1953, por intermédio de Cioran, depois da leitura apaixonada que fez do livro *Le principe d'antagonisme et la logique de l'énergie.*[16] Assim começou uma amizade exemplar que durou mais de três décadas.

É preciso dar a César o que é de César: foi Mathieu quem abriu para Lupasco as portas do mundo da arte – pintores, jornalistas, filósofos, escritores: Dali, Michaux, Revel, Axelos, Abellio, Alvard, Parinaud, Bourgois. Mathieu solicitou a contribuição de Lupasco para a luxuosa e amplamente distribuída – quinze mil exemplares – *Paris Review-US Lines* e para a revista *Ring des Arts.*[17] No lançamento do livro *Les trois matières*, ele publicou uma bela crônica em *Arts.*[18] E foi Mathieu quem publicou, em *Le Figaro*, um extraordinário necrológio "La double mort de Lupasco".[19] Praticamente todos os seus livros citam Lupasco. Em resumo, Mathieu muito contribuiu para a celebridade de Lupasco no mundo da arte.

Os escritos teóricos de Mathieu estão também forte-

[16] G. Mathieu, "Mon ami Lupasco" [Meu amigo Lupasco], discurso feito no Congresso Internacional "Stéphane Lupasco: o homem e a obra", em 13 de março de 1998, Académie des Inscriptions et Belles-Lettres, sala Hugot, Paris, organizado pelo Centro Cultural Romeno, pelo Serviço Cultural da Embaixada da Romênia na França e pelo Centro Internacional de Pesquisas e Estudos Transdisciplinares (CIRET), com a colaboração da Académie des Inscriptions et Belles-Lettres; texto publicado em H. Badescu e B. Nicolescu (dir.), *Stéphane Lupasco: l'homme et l'œuvre*, Mônaco: Rocher, "Transdisciplinarité", 1999, p. 13-28.

[17] S. Lupasco, "Quelques aperçus sur la logique dynamique du contradictoire / A few notes on the dynamic logic of the contradictory", *Paris Review-US Lines*, 1953, sob a direção de Georges Mathieu, caderno central com, entre outras, as contribuições de Louis de Broglie, Norbert Wiener, Serge Lifar e A. Rolland de Renéville; S. Lupasco, "Le príncipe d'antagonisme et l'art abstrait", *Ring des Arts*, 1960, ilustrações de Georges Mathieu, com as contribuições, principalmente, de Jean-François Revel, Pierre Restany, Abraham Moles, Georges Mathieu e Alain Bosquet.

[18] "*Les trois matières* vu par Mathieu", *Arts*, 3 de janeiro de 1961.

[19] G. Mathieu, "La double mort de Lupasco" [A dupla morte de Lupasco], *Le Figaro*, 28 de outubro de 1988, e em G. Mathieu, *Désormais seul en face de Dieu* [Doravante só diante de Deus], Lausanne: L'Âge d'Homme, 1998, p. 174-176.

mente impregnados pelas ideias de Lupasco. Assim, sua teoria da abstração lírica, na continuação de sua muito interessante "embriologia de signos", foi fortemente influenciada por Lupasco.[20] Aliás, Mathieu não escondeu essa influência: seus escritos estão literalmente repletos de referências a Lupasco. Ele assim procedeu não somente devido à admiração pela obra de Lupasco, mas também em virtude de uma profunda afinidade com seu próprio ato criador. A obra de Mathieu como pintor é uma verdadeira encarnação da lógica do contraditório. A fúria do ato criador, em toda a sua nudez existencial, parece surgida da matéria psíquica do terceiro incluído, através de uma revelação resplandecente da afetividade, esse terceiro oculto que assombrou Mathieu durante toda a sua vida.

Lupasco escreveu sobre a obra de Mathieu. Em um texto difícil de ser encontrado, mas atualmente disponível no magnífico livro publicado em 2003 (e onde seu amigo Lupasco está onipresente) *Mathieu, 50 ans de création*, Lupasco escreveu: "Se a Esfinge dos gregos – grega por excelência – devorava imediatamente todos os que passavam por ela e não adivinhavam o enigma, o próprio Mathieu mata-os sem demora, caso eles somente tentem decifrá-lo".[21]

Salvador Dali e o obscurecimento da luz

Em uma das entrevistas feitas por Alain Bosquet com Salvador Dali, podemos ver essa interessante troca:

A. B. – Qual é o homem célebre com quem você gostaria de passar a noite?

S. D. – Ai de mim, ele está morto: é Max Planck.

---

[20] Sobre a primeira noção, ver G. Mathieu, *L'abstraction prophétique, op. cit.*, e sobre a segunda, G. Mathieu, *Au-delà du tachisme* [Para além do pontilhismo], Paris:Julliard, 1963, p. 164-171.

[21] *Mathieu, 50 ans de création*, Paris: Hervas, 2003, p. 53.

A. B. – Curiosa ideia.

S. D. – Ele descobriu o corpo negro em física.

A. B. – O homem dos *quanta*?

S. D. – É esse.

O interesse de Dali pela teoria da relatividade restrita de Einstein é bem conhecido. O espaço/tempo fez sua entrada no cenário do mundo como um *universo/bloco* em que não há nem lugar nem tempo, mas *eventos*. O fato de que o espaço e o tempo estejam misturados (eles não têm existência separada) deve ter intrigado Dali. Em seu livro magistral sobre a quarta dimensão na arte moderna, Linda Dalrymple Henderson mostrou claramente a influência da teoria da relatividade sobre a pintura de Dali (mais particularmente, sobre a série de "relógios moles").[22] O "paradoxo dos gêmeos" sem dúvida também o impressionou muito, por razões evidentes. Mas a influência exercida pelo mundo quântico é praticamente ignorada na literatura crítica sobre Dali.

Certas pinturas e, principalmente, os escritos de caráter teológico de Dali (por exemplo: o que foi dedicado ao dogma da Assunção da Virgem Maria ao céu, promulgado em 1 de novembro de 1950) mostram claramente que ele estava familiarizado com a mecânica quântica, cujo pai fundador foi justamente Max Planck.[23] As propriedades do mundo quântico até mesmo estimularam fortemente o seu imaginário. Ele estava convencido de que as partículas quânticas são elementos angélicos.[24]

De quem poderia ter ele obtido todas as informações, senão de Lupasco? Lupasco e Dali encontraram-se várias

---

[22] L. Dalrymple Henderson, *The Fourth Dimension and Non-Euclidean Geometry in Modern Art*, Princeton (N. J.): Princeton University Press, 1983.

[23] S. Dali,"Reconstitution du corps glorieux dans le ciel" [Reconstituição do corpo glorioso no céu], *Études Carmélitaines*, 1952, nº 2,"Magie des extrêmes", p. 171-172.

[24] B. Froissart, "Salvador Dali et le monde angélique" [Salvador Dali e o mundo angélico], em S. Dali, *Journal d'un génie* [Diário de um gênio], Paris: Gallimard,"Idées", 1974.

vezes. Lupasco, acompanhado por sua família, visitou-o em Cadaqués, e uma fotografia nos mostra um Dali humilde e atento olhando para um Lupasco firme, cujo cachimbo transmitia a Dali suas espirais de fumaça.

Lupasco dedicou a Dali um estudo publicado no número especial "Hommage à Salvador Dali" da revista *XXe siècle.*[25] Lupasco observou que, desde sempre, o ser humano considerou que as forças divinas vêm do alto, de um mundo acima de nós, de um "supramundo". Lupasco atribuiu até mesmo o nome "surrealismo" a essa crença. Mas, para Lupasco, o caso de Dali mostrava toda a importância do "submundo" quântico. Ele seria um visionário que captava o movimento quântico, a contínua criação e aniquilação das formas, vendo face a face insólitas entidades, sem nenhum correspondente em nosso próprio mundo, mas que, no entanto, eram reais em seu próprio mundo. Foi por esse motivo que Lupasco propôs o vocábulo "sub-realismo" para qualificar a criação artística de Dali. Lupasco mencionou também que Dali confiou-lhe que *L'expérience microphysique et la pensée humaine* era seu livro de cabeceira.

Paradoxalmente, ao contrário de Mathieu, Dali pouco citou os trabalhos de Lupasco.[26] Mas, como testemunho de sua admiração, ele convidou também Lupasco para fazer parte do comitê de honra da entrega da espada de membro da Academia de Belas Artes, ao lado de Giorgio De Chirico, Eugène Ionesco e Félix Labisse.[27] Ele também realizou um gesto simbólico de grande importância ao convidar Lupasco, em 1978, para o programa de televisão "Les mille et une

---

[25] S. Lupasco, "Dali and sub-realism", *XXe siècle,* número especial, "Hommage to Salvador Dali", 1980, p. 117-118; "Dali et/ou le sous-réalisme" [Dali e/ou o sub-realismo], em A. Jouffroy (dir.), *Hommage à Dali,* Paris: Vilo, 1980, p. 117-118.

[26] S. Dali, "Louis Aragon Dubreton", *Nation Française,* junho de 1959.

[27] S. Dali, carta a Stéphane Lupasco, de 16 de outubro de 1978, expedida de Port Lligat (Arquivos Alde Lupasco-Massot).

visions de Dali"[28]. Foi durante esse programa que Dali disse a Lupasco: "Você acaba de obscurecer a luz de maneira magistral!".[29]

Frédéric Benrath, Karel Appel, René Huyghe e os outros amigos

Os trabalhos de Lupasco dirigiam-se, em primeiro lugar, ao mundo científico. Mas a decepção de Lupasco foi grande: os cientistas guardavam um estranho silêncio. A explicação disso é relativamente simples: os cientistas têm horror à palavra "contradição", pois a construção da ciência está baseada no princípio de não-contradição. Dali bem o sabia, quando dizia: "A autoridade não poderá deixar de ser oficialmente reconhecida à trepanação mijona do pequeno princípio de [não-]contradição (...)".[30] O mal-entendido foi enorme: a lógica de Lupasco é *não-contraditória,* mas ela põe em evidência as contradições encontradas na leitura dos fenômenos quando a lógica clássica é utilizada. Inversamente, os artistas, que são os que praticam a contradição, acolheram com entusiasmo os trabalhos de Lupasco. Lupasco ficou encantado e multiplicou os escritos sobre a arte e os artistas.

Assim, ele escreveu *Science et art abstrait* (dedicado a sua esposa, Yvonne Lupasco, que era pintora) e *Du rêve, de la mathématique et de la mort,* enquanto em Madri era publicada a coletânea intitulada *Nuevos aspectos del arte i del sciencia.*[31]

---

[28] "Les mille et une visions de Dali" [As mil e uma visões de Dali], 19 de fevereiro de 1978, canal A2, programa realizado por Brigitte Derenne e Robert Descharnes, com a participação de Salvador Dali, Stéphane Lupasco e André Robinet.

[29] *Le monde,* 12-13 de fevereiro de 1978, p. 12.

[30] S. Dali, *Oui. Méthode paranoïaque-critique et autres textes* [Sim. Método paranóico-crítico e outros textos], Paris: Denoël et Gonthier, "Médiations", 1971, p. 31.

[31] S. Lupasco, *Science et art abstrait* [Ciência e arte abstrata], Paris: Julliard,

Seus trabalhos relacionados à arte barroca foram, aliás, objeto de uma tese de doutorado defendida nos Estados Unidos.[32]

Além do estudo sobre Dali, Lupasco também escreveu sobre Frédéric Benrath e Karel Appel. Nesses estudos, são encontradas as ideias de Lupasco já mencionadas. Ele escreveu, por exemplo, sobre as pinturas de Benrath: "O antagonismo palpita. (...) (A) ontologia é da competência unicamente dos artistas, que não a procuram, nem a discutem, mas realizam-na; ela escapará sempre à filosofia e, mais ainda, é claro, às cerebrações didáticas! Tais obras de arte seriam os traços insólitos, as incursões fulgurantes de um outro universo, do qual elas constituiriam o fundamento? Benrath é um daqueles que têm o privilégio de estar a sua escuta (...)."[33] Quando Lupasco escreveu essas linhas, Benrath tinha vinte e quatro anos...

Lupasco via na pintura de Appel a prova experimental da matéria biológica, postulada em *Les trois matières*. Ele nela contemplava "essa magia estranha dos dinamismos do tumulto e das arborescências da carnagem". Lupasco escreveu:

1963; S. Lupasco, *Du rêve, de la mathématique et de la mort* [Do sonho, da matemática e da morte], Paris: Christian Bourgois, 1971; S. Lupasco, *Nuovos aspectos del arte i del sciencia*, Madrid: Guadarrama, 1968 (trata-se da tradução para o espanhol de *Science et art abstrait* e de *Qu'est-ce qu'une structure?* [O que é uma estrutura?], Paris: Christian Bourgois, 1971).

[32] G. Y. Thomas, *Au seuil d'un nouveau paradigme. Le baroque à la lueur des théories lupasquiennes* [No limiar de um novo paradigma. O barroco à luz das teorias lupasquianas], New York: Peter Lang, 1985 (Tese de Doutorado em Filosofia, Departamento de Francês e Italiano, Universidade do Arizona, 1982).

[33] S. Lupasco, "Quelques considérations générales sur la peinture 'abstrait' à propôs des toiles de Benrath" [Algumas considerações gerais sobre a pintura "abstrata" a propósito dos quadros de Benrath], em J. Alvard e S. Lupasco, *Benrath*, Lyon e New York: À la Tête d'Or e George Wittenborn, 1959; o texto de Stéphane Lupasco foi publicado separadamente, em fascículos, por Babel (Mazamet), em 1985, com vinte exemplares enriquecidos por uma água-forte de Benrath e duzentos exemplares contendo a reprodução de uma tela de Benrath; este texto foi, em seguida, publicado sob o título *Sur la peinture abstraite*, Mazamet: Babel, 1992.

"Appel é pintor do infravital, do infracarnal, cujas tintas tão vivas são como o inimigo, princípio de sua própria existência, que exige o parto tenebroso da vida".[34] Karel Appel nos deixou um belo retrato de Lupasco, que pode ser visto na Internet.[35] Há também um quadro de Appel, "Portrait de Michel Tapié et Stéphane Lupasco", que se encontra no Staedelisch Museum de Amsterdã.[36]

As ideias de Lupasco intrigaram os críticos de arte. Como René Huyghe, que vem saudando, desde 1955, os mundos insuspeitados que se abrirão ao espírito graças à compreensão das obras de arte através da lógica do contraditório.[37] Ele sempre se interessou pelas relações entre ciência e arte. "A arte e a ciência", disse René Huyghe em resposta a uma pergunta de Simon Monnerer, "não são dois mundos separados, com fronteiras e alfândegas, mas duas visões compensatórias, que se completam". Certamente, Huyghe citou Lupasco com bastante frequência em seus livros, mas, estritamente falando, não se tratava de uma influência, e sim de uma convergência: "Eu encontrei seu pensamento quando o meu estava constituído, mas fiquei imediatamente impressionado por sua convergência. Nós partimos das mesmas constatações. Fiquei muito admirado com os resultados que ele delas extraiu."[38] Com uma grande generosidade, René Huyghes

---

[34] S. Lupasco,"Appel, peindre de la vie" [Appel, pintor da vida], *XXe siècle*, nova serie n° 17,"The great adventure of modern art", suplemento"Chroniques du jour", dezembro de 1961, capa de Marc Chagall, com uma litografia original de Karel Appel; e no catálogo *Karel Appel. Reliefs 1966-1968*, exposiçao 1968, CNAC, Paris, 1968.

[35] K. Appel,"Le philosophe Stéphane Lupasco", 1956 (coleção particular), <http://www.bowi-groep.nl/index.php?module=gallerij&gallerij::artiestID=10>.

[36] A. Lupasco-Massot,"Lupasco et la vie"[Lupasco e a vida], em H. Badescu e B. Nicolescu (dir.), *op. cit.*, p. 29-35.

[37] R. Huyghe, *Dialogue avec le visible* [Diálogo com o visível], Paris: Flammarion, 1955.

[38] R. Huyghes, *De l'art à la philosophie. Réponses à Simon Monneret* [Da arte à filosofia. Respostas a Simon Monneret], Paris: Flammarion, 1980, p. 119 e 156.

amavelmente participou do primeiro colóquio na França dedicado ao pensamento de Lupasco, que organizei em 1982, na Sorbonne.[39]

Lupasco realizou trocas frutíferas com muitos outros artistas e críticos de arte: Matta, Tapié, Soulages, Michaux, Pro Diaz, Nicolas Schöffer, Alain Jouffroy, Michel Ragon e Julien Alvard. Alain Jouffroy foi talvez aquele que expressou da melhor maneira o papel que Lupasco desempenhou na vida artística da época: "Você representa, diante dos artistas, uma espécie de 'sismógrafo criador' de suas obras".[40]

O que podemos concluir?

Lupasco estava convencido de que sua obra possuía um caráter científico. Da mesma maneira que um físico teórico, ele procurava as provas experimentais de suas teorias. Uma vez que as três matérias foram deduzidas, ele chegou, inevitavelmente, à ideia da existência de três universos. Ele me dizia muitas vezes: "Meu cérebro é meu laboratório". Nosso universo é, certamente, um universo predominantemente macrofísico. Mas Lupasco *viu*, em seu cérebro, os dois outros universos que, para nós, simples mortais, nos parecem pertencer mais ao campo da ficção científica: um Universo predominantemente biológico e um Universo predominantemente psíquico. No Universo biológico, "os sistemas macrofísicos seriam minoritários, frágeis e efêmeros, incessantemente bombardeados e potencializados pelas massas macromoleculares, pelas configurações e estruturas biológicas, das quais

---

[39] Colóquio "Débat sur l'œuvre de Stéphane Lupasco" [Debate sobre a obra de Stéphane Lupasco], 24 de abril de 1982, Universidade Paris I Panthéon-Sorbonne, organizado pela associação Hypérion e pela revista *3e Millénaire*, com a participação de René Huyghes, Marc Beigbeder, Jacques Costagliola, Basarab Nicolescu, Michel Random e Stéphane Lupasco.

[40] A. Jouffroy, carta a Stéphane Lupasco de 7 de março de 1955 (arquivos Alde Lupasco-Massot).

é difícil imaginar a amplitude, a flexibilidade, a riqueza de diversificação, a força (..)". No Universo psíquico, "todos os pares conscienciais: perceptivos, conceituais, nocionais, vão surgir; consciências contraditórias vão se elucidar mutuamente (...). E eu serei, ao mesmo tempo, uma atividade subjetiva ambivalente, toda uma sequência e um conjunto de sujeitos observadores antagônicos, que saem da sombra do inconsciente para pulsar na proximidade de uma fina *subconsciência* em equilíbrio, interferindo a cada instante na consciência da consciência, aguilhoando-a, modificando-a".[41] Palavras de poeta, o que é, afinal, normal para aquele que começou com um livro de poemas.[42] Sou levado a concluir que a fascinação que o mundo das artes exercia sobre Lupasco é explicada pelo fato de que as pinturas de Benrath ou Appel mostram a existência real do universo biológico, enquanto que as de Dali ou Mathieu mostram a existência real do universo psíquico. Elas tornam visíveis os universos ocultos da lógica da contradição.

Sinal dos tempos, a interação entre a teoria da relatividade, a mecânica quântica e a arte (mais particularmente o surrealismo) começa a atrair a atenção dos historiadores da arte. Em um livro recente, *Surrealism, Art and Modern Science,* Gavin Parkinson analisa de maneira magnífica essa interação.[43] Infelizmente, as referências a Lupasco nesse livro são marginais; o autor ignorando, evidentemente, a história que contamos neste capítulo. Não sendo traduzido para o inglês, Lupasco é, mais uma vez, vítima da onipotência imperial da língua inglesa.

---

[41] S. Lupasco, *Les trois matières,* Paris: UGE,"10/18", 1970, p. 47 e 151.

[42] S. Lupasco, *Dehors...* [Exterior...], Paris: Stock, 1926 (único livro de poemas de Stéphane Lupasco).

[43] G. Parkinson, *Surrealism, Art and Modern Science. Relativity, Quantum Mechanics, Epistemology,* New Haven e Londres: Yale University Press, 2008.

Capítulo 7

O terceiro incluído, o Teatro do Absurdo, a psicanálise e a morte

No fundo, Lupasco nos propõe uma questão fundamental: o que entendemos por "sim" e por "não"? Em outras palavras, qual é o *estatuto da verdade*? Não é surpreendente que tenham sido os escritores, como André Breton, os primeiros a se sensibilizar por essa interrogação que penetra nos recônditos de nosso ser?

Por um sim ou por um não

Nós ignoramos se Nathalie Sarraute leu ou não Lupasco. Mas sua peça teatral *Pour un oui ou pour un non* é um magnífico exemplo da lógica da contradição na vida cotidiana. O personagem H.2 diz ao personagem H.1 — "Souberam que me aconteceu de romper efetivamente com pessoas muito próximas... por razões que ninguém pôde compreender... Eu fui condenado... a pedido deles... à revelia... Eu não sabia de nada... Eu fiquei sabendo que havia um processo judicial em que fui designado como 'Aquele que rompe por um sim ou por um não'. Isso me fez refletir..."[1]

Na verdade, nós não sabemos por que pronunciamos as palavras "sim" e "não". Quando dizemos "sim", nós deveríamos, gradualmente, abraçar o universo inteiro, a verdade em toda a sua nudez, despida dos nossos preconceitos, dos condicionamentos do nascimento e da educação, das crenças de toda ordem. E quando dizemos "não", pomos em perigo a verdade, toda a verdade. Posição insustentável, absurda, que nos transforma em marionetes. Nós seremos, então, inevitavelmente condenados "à revelia", com certeza. É compreensível que o teatro seja um terreno privilegiado para estudar os mecanismos íntimos do "sim" e do "não".

Nós rompemos continuamente por um "sim" ou por um "não". Podemos até mesmo nos matar reciprocamente. Qual seria o sentido das guerras das religiões e das civilizações senão aquele de romper a vida por um "sim" ou por um "não"? É devido a um "sim" ou a um "não" que as pessoas são assassinadas nos campos de concentração, que as mulheres adúlteras são apedrejadas, que as obras de arte são destruídas e os livros queimados em nome de uma ideologia ou de outra.

A vida que oscila entre o "sim" e o "não", sempre ditos com uma convicção absoluta, somente pode ser a vida de uma marionete. Mas quem manipularia os fios dessas marionetes? O mundo moderno estaria preparado para o longo caminho de iniciação que poderia nos tirar desse círculo infernal? Os artistas foram os primeiros a compreender o que está em jogo, o que se encontra *entre* o "sim" e o "não".

No final de sua peça, Nathalie Sarraute faz os personagens ("sim" e "não" intercambiados) dizerem as seguintes palavras: "H.1 – Por um sim...; ou por um não? *Um silêncio.* H.2 – Sim ou não?... H.1 – Isso não é, no entanto, a mesma coisa... H.2 – De fato: Sim. Ou não. H.1 – Sim. H.2 – Não![2]

---

[1] N. Sarraute, *Pour un oui ou pour un non* [Por um sim ou por um não], Paris: Gallimard,"NRF", 1998 (1982), p. 16.

[2] *Ibid.*, p. 57.

E assim o ódio continua seu trabalho infinito...

Não é surpreendente encontrar Boris Vian entre aqueles que admiraram Lupasco. *Logique et contradiction*, publicado em 1947, foi um livro de cabeceira de Vian e foi lido atentamente por ele para a redação de seu *Traité de civisme*.[3] Noël Arnaud escreve: "Boris Vian havia descoberto Lupasco por meio de um artigo publicado em uma revista publicitária: 'É um cérebro extraordinário', dizia Boris, 'e veja onde ele é obrigado a escrever!'."[4] A "revista publicitária" em questão é, certamente, *Paris Rewiew-US Lines*, publicada em 1953 e dirigida por Georges Mathieu, onde Lupasco publicou "Quelques aperçus sur la logique dynamique du contradictoire" [Algumas observações sobre a lógica dinâmica do contraditório].

Dois grandes poetas, o argentino Roberto Juarroz e o francês Michel Camus ficaram vividamente interessados pela filosofia do terceiro incluído. Como poderia eu esquecer essa fabulosa noite de 9 de fevereiro de 1991, quando tive a oportunidade de encontrar Roberto Juarroz pela primeira vez, no apartamento de Michel Camus? Imediatamente, fiquei impressionado pela intensidade que o habitava, uma intensidade completamente estranha, pois ela parecia ser produzida por dois fogos interiores contraditórios. Tive a percepção orgânica de que o primeiro fogo ardia sem combustão, com uma luz que se dirigia às próprias origens do Ser, e de que esse fogo, ao invés de consumir a energia, emanava-a. O outro fogo alimentava-se da dúvida e arrebatava tudo em sua passagem – seu ser e todo o cosmos. Roberto Juarroz dava-me a impressão de que mantinha a poesia como uma armadura para separar dois fogos devoradores. Seu olhar estava tão voltado para o interior que me dava a impressão de que ele não nos via, mas, ao mesmo tempo, suas mãos acompanhavam com gestos ex-

3 B. Vian, *Traité de civisme* [Tratado de civismo], Paris: Librairie Générale Française, «Livre de poche», 1996 (1979), p. 100.

4 N. Arnaud, *Les vies parallèles de Boris Vian* [As vidas paralelas de Boris Vian], Paris: UGE, «10/18», 1970, p. 472-473.

pressivos o encanto profético de sua voz. Teria sido por acaso que a nossa conversa tenha se centrado na compreensão do "terceiro incluído" em relação à física quântica? Teria sido por acaso que Michel Camus tenha sentido a necessidade, em um dado momento, de introduzir a palavra "secretamente" entre as palavras "terceiro" e "incluído"? Eu não sei. Tudo o que sei é que tive a impressão de reencontrar alguém que eu havia sempre conhecido, desde a noite dos tempos.

Roberto Juarroz escrevia em 1984:

A parte de sim
que há no não
e a parte de não
que há no sim
saem às vezes de seus leitos
e unem-se em outro leito
que já não é nem sim nem não
Por esse leito corre o rio
das mais vivas águas[5]

Sim, o rio do terceiro incluído corre nas "mais vivas águas". Que intuição fulgurante, em uma época em que, provavelmente, Roberto Juarroz não conhecia os livros de Lupasco, mas conhecia seu nome. Ele confiou-me que havia notado, em 1966, um estudo de Lupasco publicado na legendária revista *Sur*, de Buenos Aires, fundada em 1931 por Victoria Ocampo, Jorge Luis Borges, Roger Caillois e Waldo Frank, estando entre os membros do comitê de redação.[6]

---

[5] R. Juarroz, Nouvelle poésie verticale [Nova Poesia Vertical], Paris: Lettres Vives, 1984, p. 29. [N.T. 8ª Poesia Vertical, no original em espanhol: *La parte de si / que hay en el no / y la parte de no / que hay en el si / se separan a veces de sus cauces / y se unem en outro / que ya no es sí ni no / Por ese cauce corre el rio / de los cristales más despiertos*. A tradução foi feita a partir da versão do poema em francês, para manter a coerência com o que B. Nicolescu escreve em seguida].

[6] S. Lupasco, "Sobre algunas palabras clave de la filosofia", *Sur*, nº 301, julho-agosto de 1966, p. 78-96.

Mas aquele que inscreveu definitivamente o nome de Lupasco na história da literatura foi, sem dúvida alguma, Eugène Ionesco.

Lupasco e o Teatro do Absurdo

Ionesco e Lupasco eram amigos, conviviam e tinham longas discussões filosóficas. Evidentemente, Ionesco leu atentamente a obra de Lupasco e foi certamente influenciado por sua filosofia. Em seu livro *Eugène Ionesco – mystique ou mal-croyant?*, Marquerite Jean-Blain ressalta o importante papel de Lupasco no itinerário espiritual de Ionesco,[7] ao lado de Jacob Boehme e de San Juan de la Cruz, e em companhia do *Livro Tibetano dos Mortos* (*Bardo-Thödol*) e do ritual cristão ortodoxo. Ionesco leu, atentamente, não somente *Logique et contradiction*, mas também *Le principe d'antagonisme et la logique de l'énergie*, o livro fundamental de Lupasco no que diz respeito ao terceiro incluído – esse misterioso terceiro entre o Bem e o Mal, entre o Belo e o Feio, entre o Verdadeiro e o Falso.

Em *Journal en miettes*, Ionesco escreveu: "Justamente porque os gregos tinham o senso da imutabilidade arquetípica, eles deviam ter, necessariamente, o senso da não-imutabilidade: Lupasco explica isso muito bem. Nada existe, de fato, e nada é pensado a não ser por oposição a um contrário que também existe e que é recalcado."[8] Naturalmente, o nome e as ideias de Lupasco figuram na peça *Victimes du devoir*,[9] criada no Teatro do Quartier Latin, sob a direção de Jacques Mauclair, sete anos após a publicação de *Logique et contradiction.*

---

[7] M. Jean-Blain, *Eugène Ionesco – mystique ou mal-croyant?* [Eugène Ionesco: místico ou mal-crente], Bruxelas: Lessius, 2005, p. 63-64.

[8] E. Ionesco, *Journal en miettes* [Diário fragmentado], Paris: Mercure de France, 1967, p. 62.

[9] Eugène Ionesco, *Victimes du devoir* [Vítimas do dever], em *Théâtre I*, Paris: Gallimard, 1984 (1954), p. 159-213.

Os personagens desse "pseudodrama" são: Choubert, Madeleine, O Policial, Nicolas d'Eu, A Dama e Mallot com um "t". A ação se passa em um "cenário pequeno-burguês". O nome "Nicolas d'Eu" é interessante: "Eu" em romeno quer dizer "Je" ["eu" em francês]. Nicolas d'Eu "é grande, tem uma farta barba negra, os olhos inchados de sono, os cabelos despenteados, as roupas amarrotadas; ele tem o aspecto de alguém que acaba de acordar, depois de haver dormido vestido". Nicolas d'Eu revela ao Policial suas ideias sobre o teatro: "Eu refleti muito sobre a possibilidade de uma renovação do teatro. Como poderia surgir o novo no teatro? O que pensa disto, Senhor Inspetor Chefe?". O policial pergunta: "Um teatro não aristotélico?" "Exatamente" – responde Ionesco, aliás, Nicolas d'Eu. E continua: "É necessário, no entanto, levar em conta a nova lógica, as revelações fornecidas por uma psicologia nova... uma psicologia dos antagonismos... (...) Inspirando-me em uma outra lógica e em uma outra psicologia, eu apresentarei a contradição dentro da não-contradição, a não-contradição dentro do que o senso comum julga contraditório... Nós abandonaremos o princípio de identidade e de unidade dos caráteres, em benefício do movimento, de uma psicologia dinâmica... Nós não somos nós mesmos... A personalidade não existe. Não há em nós senão forças contraditórias e não contraditórias... Seria interessante, por sinal, que o senhor lesse *Logique et contradiction,* o excelente livro de Lupasco... (...) Os caráteres perdem sua forma no informe do devir. Cada personagem é menos ele próprio que o outro. (...) Quanto à ação e à causalidade, não falemos mais disso. Nós devemos ignorá-las totalmente, pelos menos em sua forma antiga, demasiadamente grosseira, muito evidente, falsa, como tudo aquilo que é evidente... Basta de drama ou de tragédia: o trágico se faz cômico, o cômico é trágico, e a vida torna-se alegre... a vida torna-se alegre..." O Policial reage como se deve: "Quanto a mim, continuo aristotelicamente lógico, fiel a mim mesmo, fiel ao meu dever, respeitando meus chefes... Eu não creio no absurdo, tudo é coerente, tudo se torna compreensível... (...) graças ao esforço do pensamento humano e da ciência."[10] A citação do nome de Lupasco no contexto da peça pode parecer uma gentil brincadeira de Ionesco dirigida ao seu amigo, hipótese sustentada pelos amigos da família de Ionesco. Mas essa hipótese é falsa.

O diretor de *Victimes du devoir*, Jacques Mauclair, estava certo quando dizia, em 7 de maio de 1988, na terceira Noite dos Molières: "Sr. Ionesco, Mestre, meu caro Eugène, você nos prometeu vir a este evento e veio. Decididamente, você nos surpreende sempre. Discípulo de Lupasco, cujo nome rima curiosamente com o seu, você concilia a lógica e a contradição sem dificuldade aparente. Assim, você foge das mundanidades, mas não falta a nenhuma; despreza as honras, mas recebe todas. Você possui uma casaca verde muito elegante, um chapéu de dois bicos, uma espada, mas você ocupa a cadeira da Academia sem gravata. Você insulta a gramática, martiriza o vocabulário, mas tem sua fotografia no *Petit Larousse Illustré*."[11]

Com maior seriedade, os críticos perceberam o papel da filosofia lupasciana na gênese e desenvolvimento do Teatro do Absurdo. Assim Emmanuel Jacquart escreveu a propósito de *La leçon*: "Sem ser como Lewis Carroll, um profissional da lógica, Ionesco apaixona-se por ela cada vez que ela diverte e (des)afina. A forma mais simples de sua abordagem consiste em contrariar ou anular *o princípio de identidade e de não-contradição*. Desse modo, a compreensão intelectual torna-se 'um raciocínio matemático, indutivo e dedutivo ao mesmo tempo'. O latim, o espanhol e o neo-espanhol repousam sobre 'semelhanças idênticas'! Finalmente, ocorre que um personagem afirma e infirma a proposição que ele apresenta (...). Nesse mundo de pernas para o ar, o mais simples e o mais complexo tornam-se igualmente prováveis (...) Quando a lógica se per-

---

[10] *Ibid*, p. 200-201 e 203-205.

[11] E. Ionesco, *Théâtre complet* [Teatro completo], Paris: Gallimard,"Bibliothèque de la Pléiade", 1990, p. CI-CII.

mite todas as liberdades, a relação causal faz o mesmo. (...) No caso mais extremo, Ionesco imagina uma lógica fictícia que estrutura o mundo de uma maneira absurda".[12]

Mas quem evidenciou com grande pertinência a influência da obra lupasciana sobre o teatro de Ionesco foi o grande teórico americano da literatura e da arte Wylie Sypher, em seu livro *Loss of the Self*. Wylie Sypher nos diz inequivocamente: "Ionesco elimina as leis de causa e de efeito sobre as quais o teatro e a ciência foram, ambos, construídos. Em seu lugar, Ionesco aceita (...) a lógica de Stéphane Lupasco, cuja obra nos fornece a chave daquilo que Ionesco faz no teatro."[13] Sypher parte da observação de que Ionesco, como Heidegger, ficou fascinado com o abismo do vazio subjacente a nossa existência. Ionesco queria, a todo custo, captar o *insustentável*.

Ao mesmo tempo, o autor sublinha que a ciência afetou a natureza da literatura. Toda linguagem verbal tornou-se um clichê em relação às verdades captadas pela linguagem matemática. "As novas matemáticas, e também a pintura abstrata ou a nova música, não podem mais ser exprimidas pela linguagem verbal. As matemáticas invadiram tão profundamente todas as ciências e também a filosofia, que não é mais possível expressar a realidade por meio da linguagem verbal, já que o mundo em que vivemos assemelha-se a um jogo realizado no quadro da topologia, que é capaz de erigir estruturas muito além das fronteiras da antiga lógica, estruturas que não podem mais ser descritas por um vocabulário, salvo aquele não-verbal."[14]

A antiga lógica excluiu os sentimentos. Os sentimentos, escreve Sypher, são "únicos – nenhum sentimento é exatamente o mesmo que um outro sentimento. Portanto, nossos sentimentos são descontínuos e eles não se submetem a nenhuma sequência lógica. E o que é pior ainda, os sentimentos estão

---

[12] E. Jacquart, "Notice", em *ibid.*, p. 1500-1502.

[13] W. Sypher, *Loss of the Self in Modern Literature and Art*, New York: Random House, 1962, p. 99.

[14] *Ibid.*, p. 97.

fora do pensamento – eles não podem ser racionalizados. Em suma, a antiga lógica foi um meio de excluir ou de reduzir a experiência – ela não foi um meio de apreender a experiência". Segundo Lupasco, a tragédia sempre teve a capacidade de captar o absurdo da vida, o que a lógica é incapaz de fazer: a tragédia descreve as contradições de nossa experiência humana. "À sua maneira, Lupasco considera seriamente aquilo que sempre dissemos sobre o caráter trágico da vida; ele leva isso em conta o bastante para tentar enriquecer a lógica por meio da compreensão trágica da experiência humana (...)". Há uma dialética do cômico, assim como há uma dialética do trágico: "A comédia tem seu próprio olhar sobre a absurdidade do ser humano".[15]

Para Sypher, "Lupasco procura uma lógica existencial, uma lógica repleta de 'contradições criativas' e ele vê o absoluto como um perigo. (...) Lupasco invoca uma lógica da absurdidade, uma lógica que tem algo em comum com os koans do Budismo Zen. (...) (O) Zen busca uma percepção direta da realidade, sem nenhuma contaminação intelectual."[16] Essas considerações abrem um caminho de pesquisa insuspeitado na exploração da realidade graças ao terceiro incluído.

A psicanálise e a morte

Em 1979, Lupasco publicou um pequeno livro, *L'univers psychique*, que fervilha de ideias novas e brilhantes referentes ao problema da consciência e do inconsciente. Ele explora o psiquismo do ser humano tão longe quanto possível, armado unicamente com sua lógica do antagonismo energético. Sua tridialética leva-o assim a dialetizar a consciência e o inconsciente. A ideia forte que atravessa esse livro é de que a consciência está associada ao processo de potencialização, enquanto que a inconsciência associa-se à atualização. Isso

[15] *Ibid.*, p. 100.
[16] *Ibid.*, p. 104-105.

parece inteiramente oposto àquilo que nós pensamos habitualmente. Para nós, "tomar consciência de" alguma coisa está mais ligado à atualização. Contudo, a ideia de Lupasco é muito fácil de ser compreendida.

Um objeto dito "exterior" é algo que tem uma identidade em meu pensamento e, portanto, por definição, ele é do domínio de uma potencialidade. Eu povoo o mundo de meu pensamento com objetos, seres, cenários, ideias, com todos os gêneros de construções imaginárias. Mas, quando eu atualizo esses objetos, esses seres, cenários, ideias, essas construções imaginárias, através dos meus órgãos dos sentidos, eles afundam na inconsciência. Em certo sentido, eles deixam de existir, pois não possuem mais a riqueza do imaginário: esses objetos tornam-se *um* objeto, esses seres tornam-se *um* ser específico, esses cenários tornam-se *um* acontecimento preciso, essas ideias tornam-se *uma* ideia, essas construções imaginárias tornam-se *um* fato. O segredo dessa alquimia da relação sujeito/objeto reside na *abolição do terceiro incluído.* O equilíbrio da realidade é rompido quando eu me contento em ficar nesse estado, sem tomar consciência da consciência e sem tomar consciência da inconsciência. É aí que a noção central de *universo psíquico* faz sua aparição. O universo psíquico está baseado na ação do terceiro incluído, que restabelece o equilíbrio da realidade. No fundo, todas as técnicas do despertar, em todas as tradições do mundo, desde a noite dos tempos, recorrem a tal processo. O universo psíquico está baseado no terceiro incluído, assim como o universo macrofísico está baseado na homogeneização e como o universo biológico está baseado na heterogeneização. E os três universos coexistem. Simplesmente, há uma predominância de um ou de outro. Naquilo que nós chamamos de "vida", há uma predominância indiscutível do universo macrofísico – nós caminhamos, inexoravelmente, rumo à morte.

"Será necessário", escreve Lupasco, "que se desenvolva no homem a matéria psíquica, as semiatualizações e as semipotencializações antagônicas e contraditórias no estado T para que essas duas consciências antinômicas, uma clareando a outra, engendrem a consciência da consciência, ou seja, aquela da vida e a da morte. É só assim que o psiquismo, aquilo que é chamado confusamente de 'alma', conscientiza-se da vida e da morte, o que constitui sua obsessão fundamental, visto que precisamente essa matéria psíquica é constituída pela luta, pelo antagonismo dialético, pelo drama contraditório do psíquico e do biológico, da morte e da vida."[17]

Seria a morte um puro desaparecimento no nada? Se havia uma palavra que Lupasco abominava era, com certeza, *absoluto*. Para ele, a morte não existe pela simples razão de que é um absoluto, em contradição com sua lógica do antagonismo energético, que requer a coexistência dos três universos. "Atualizando a vida", escreve Lupasco, "a consciência se povoa da morte, atualizando a morte, ela se povoa da vida." Seria a morte, então, a porta estreita que nos leva a uma vida ainda mais intensa – a do universo biológico – e também rumo a um psiquismo que dispensa o cérebro e seus neurônios – o do universo psíquico? Para Lupasco isso é mesmo evidente. Ele escreve também que o medo é "uma consciência da morte sem a consciência da consciência da morte" e que nossa maneira de viver implica "uma consciência da vida, ou ainda um instinto inconsciente da vida, sem a consciência da consciência da vida". Para Lupasco, a consciência da consciência é privilégio do poeta, do artista e do ser em meditação: "É a alma que pinta e esculpe, que escreve as poesias e os romances e os lê, as peças de teatro e as assiste, para tornar psíquico o universo e absorvê-lo em si mesma através das imagens e dos conceitos de sua potência interior. É por esse motivo que a arte está ausente nas almas inertes."[18]

[17] S. Lupasco, *L'univers psychique. La fin de la psychanalyse* [O universo psíquico. O fim da psicanálise], Paris: Denoël et Gonthier,"Médiations", 1979, p. 217-218.
[18] *Ibid.*, p. 109, 114 e 142.

Todas essas considerações teriam provocado um diálogo bastante estimulante com os psicanalistas. Mas o livro de Lupasco traz um subtítulo um pouco bizarro: *La fin de la psychanalyse*. Ele é bizarro porque a discussão sobre a psicanálise é praticamente inexistente nesse livro, a não ser em algumas alusões do gênero: "Compreende-se (...) tanto os sucessos como também os fracassos dos métodos psicanalíticos, inaugurados por Freud. (...) Se a psicanálise chega a resultados felizes suprimindo a neurose por meio, como ela diz, da tomada de consciência por parte de seu paciente do que se encontra em seu inconsciente, é porque ela faz coexistirem as duas consciências contraditórias e antagônicas: aquela do seu estado de vigília e aquela que ele conduz à consciência a partir de seu inconsciente, o que engendra uma consciência de sua consciência e uma consciência de sua inconsciência. (...) Infelizmente, o conflito, em virtude da lógica clássica da não-contradição que preside todas as abordagens científicas, provoca medo e deve ser eliminado. O paciente deverá, então, a partir desse duplo polo do contraditório antagônico, voltar-se para somente um dos polos por meio de uma forte, senão total, aberração."[19] Para Lupasco, a "normalidade" é o conflito. Ele desenvolve essa ideia no capítulo "Les dialectiques normales et pathologiques et la dialectothérapie antagoniste. Les paradialectiques" [As dialéticas normais e patológicas e a dialetoterapia antagônica. As paradialéticas]. No entanto, é preciso reconhecer que isso é bem pouco para poder proclamar "o fim da psicanálise". Interroguei Lupasco a esse respeito. Com um sorriso embaraçado, ele respondeu-me que o subtítulo do livro lhe foi imposto pelo editor. De qualquer maneira, esse subtítulo infeliz foi suficiente para afastar, por muito tempo, o mundo da psicanálise da obra de Lupasco. Os psicanalistas falam muito, em seus escritos teóricos, sobre o "terceiro". Mas esse terceiro é aquele que vem em terceiro lugar, radicalmente distinto do terceiro incluído. Eles teriam

[19] *Ibid.*, p. 116.

muito a aproveitar com a leitura de Lupasco, dando assim um nome preciso a esse terceiro incluído que observam, em ato, na sua prática cotidiana.

Nos últimos anos, os especialistas em psiquismo humano começaram a se interessar pela obra de Lupasco. O exemplo mais flagrante é o de Jean-Louis Revardel, biólogo e haptopsicoterapêuta. Em seu livro *L'univers affectif*, ele explora, brilhantemente, a relação entre níveis de realidade e terceiro incluído em seu campo – a haptonomia*. Ele parte da noção de atualização de Lupasco, aplicada ao ser humano: "Atualizar significa: tornar atual, realizar, executar ou intervir. A atualização-de-si é a ação de realizar-se intelectualmente, de agir de maneira racional. *A atualização-de-si* é um componente da *existentia* (maneira de existir), que remete às ações a serviço da realização social". Mas uma mudança de nível de realidade é acessível ao ser humano: "Tal mudança de nível opera-se quando o ser humano passa de um mundo de racionalidade, de efetividade, de sensorialidade, de limitação devido a causalidades ligadas à sua historicidade e aos conflitos intrapsíquicos (entre pulsões, desejos), para um mundo de ser-não-limitado (desentravado), libertado de uma existência dependente das causalidades e aberto para o campo de suas aptidões". Para descrever esse novo nível de realidade, Revardel introduz a noção de *atuação de si*: "A atuação de si adquire sentido na *intemporalidade do ser*, ou seja, no fato de que o ser, independentemente de sua história ontogenética psicoafetiva, possui predominantemente, já em seu germe, o

---

N.T. A palavra *haptonomia* origina-se da conjunção dos termos gregos clássicos: *hapsis* que designa o tato, o sentido, o sentimento; e *nomos* que designa a lei, a regra, a norma. *Hapto* significa : estabelecer uma relação através do tato, um contato tátil para tornar saudável, para curar, tornar inteiro, para confirmar o outro em sua existência. A *Haptonomia* é a ciência das interações e das relações afetivas humanas, em suma : a *Ciência da Afetividade*, tal como desenvolvida por Frans Veldman (1921-2010), pesquisador em Ciências da Vida e fundador da *Haptonomia*, em 1942. <http://www.haptonomie.org/vf/cirdh/concept.html>

conjunto de *dados* que fundam seus dons, capacidades, faculdades e, particularmente, em relação àquilo que pertence à intimidade de seu afetivo. Mas o *ser* somente exprime seus dados em termos de *atuações de si* na medida em que a historicidade do desenvolvimento psicoafetivo permita seu florescimento até um amadurecimento como um *ser consciente de si* e, melhor ainda, como sua *ipseidade*: um ser-si não delimitado. O ser que se apropria de sua *ipseidade* encontra-se à livre disposição do campo de seus possíveis psicoafetivos, sempre prontos a atuar em resposta aos desafios da vida."[20]

Vê-se, desse modo, a interação sutil entre níveis de realidade e terceiro incluído. A atualização-de-si não pode se transmutar em atuação de si sem a potencialização-de-si, pois o ser possui, em "seu germe" e na "intimidade de seu afetivo", o conjunto de dados que permitem essa transmutação. Mas isso não é suficiente: um "amadurecimento" é necessário para permitir a interação entre a atualização-de-si e a potencialização-de-si. Encontra-se aí o papel do terceiro incluído, que permite a passagem do nível de realidade da atualização-de-si para o nível de realidade da atuação de si. Um trabalho tenaz e persistente é necessário para se chegar à ipseidade.

Em certo sentido, Revardel vai mais longe que Lupasco na exploração do mundo psíquico, pois ele tem a sua disposição a potente noção de "nível de realidade", noção que faltava na filosofia de Lupasco. Lupasco mostra-se, mais uma vez, como um mestre a ser repensado no século XXI.

[20] J.-L. Revardel, *L'univers affectif. Haptonomie et pensée moderne* [O universo afetivo. Haptonomia e pensamento moderno], Paris: PUF, 2003, p. 296-297.

Capítulo 8

Deus

Deus ocupa um lugar relativamente marginal na obra de Lupasco, que parece embaraçado diante de um ser simultaneamente cognoscível e incognoscível. Lupasco encontra-se dividido entre um Deus mestre do universo psíquico e um Deus repelido para o desconhecido total da afetividade.

O orgasmo de Deus

Em *L'univers psychique* há um capítulo referente a "L'univers psychique et le problème scientifique de la Divinité" [O universo psíquico e o problema científico da Divindade], onde ele escreve que é tentador "fazer uma extrapolação no campo do pensamento religioso e imaginar esse terceiro universo psíquico como alguma sistematização energética, não digo de Deus, mas da Divindade". Assim, explica ele, o monoteísmo estaria ligado a uma dialética da homogeneização e o politeísmo a uma dialética da heterogeneização. Lupasco parece visar um novo conceito de Deus, baseado na dialética do terceiro incluído. Mas ele rejeita imediatamente essa tentação, recorrendo à afetividade, que constitui "o único campo de toda a nossa experiência onde aparecem os dados do Ser, do que se apresenta como aquele que *é*, bastando-se a si mesmo, ao passo que tudo o que *existe* e constitui, como o continente, variado e provisório, é de essência relacional energética definindo-se sempre em relação a...". Como Boehme, Lupasco identifica um drama divino, "estranho e fabuloso", que é representado no universo psíquico, "o da própria Divindade".[1]

Em seu último livro, *L'homme et ses trois éthiques*, que é uma espécie de testamento espiritual (ele foi publicado dois anos antes de sua morte), Lupasco retorna à questão de Deus no capítulo "Les trois éthiques des énergies religieuses ou De la Divinité" [As três éticas das energias religiosas ou Da Divindade]. Para Lupasco, todas as concepções da divindade possuem, em seu fundamento, uma *energética religiosa*: uma "energia suprema" é postulada como presidindo o nascimento do mundo e a sua permanência. O argumento de Lupasco é relativamente simples de compreender. Uma religião supõe a existência de uma ligação entre "todas as coisas e todos os seres" e uma ligação "entre os seres e seu criador": "Ora, para que haja ligação, a existência de um parâmetro energético é fundamental, é preciso que uma força opere essas ligações". Ele até mesmo apresenta a sua definição da religião: "*Uma religião é, acima de tudo, uma energia de ligação de homogeneização entre os indivíduos que creem em um único Deus ou em vários*". Ele observa, contudo, que em geral, diante do problema do bem e do mal, as bases dessas religiões conformam-se a uma lógica com dois termos, da qual o terceiro incluído está ausente. A entrada em ação das energias contraditórias lhes confere a resistência no tempo. Assim, Lupasco não hesita em advogar a favor de "*uma nova concepção da Divindade*", baseada na "*ética do terceiro incluído*". Ele chega até mesmo a afirmar que o "psiquismo, enquanto tal, é a Divindade", pois "em sua

[1] S. Lupasco, *L'univers psychique. La fin de la psychanalyse* [O universo psíquico. O fim da psicanálise], Paris: Denoël et Gonthier, "Médiations", 1979, p. 231, 236 e 237.

liberdade e sua incondicionalidade, a Divindade está na origem permanente daquilo que o psiquismo vai engendrar em duas direções inversas: a da macrofisica homogeneizante e a da biologia ou da vida heterogeneizante". O universo psíquico seria, portanto, o lugar da Divindade, enquanto que nós, pobres seres humanos, estamos exilados no universo macrofísico. Depois de nossa morte física, faremos, talvez, a viagem através do universo biológico para, em seguida, poder chegar à Divindade, no universo psíquico. Para Lupasco, tanto o mundo, como o indivíduo, podem estar doentes. É para evitar a patologia do mundo que é preciso considerar simultaneamente as três éticas do homem: a ética do homogêneo, a ética do heterogêneo e a ética do terceiro incluído: "Sem o que (...) o próprio mundo, em todas as suas manifestações criativas, afundaria na patologia. E seria um mundo ou esquizofrênico ou maníaco-depressivo, um mundo louco."[2]

A conclusão de Lupasco é de que é preciso elaborar uma "nova religião" – a "teofísica energética", que seria, ao mesmo tempo, uma "terapêutica religiosa" e uma "teoterapia mística", constitutivas do "amor fundamental". Vasto programa! Em minha opinião, a expressão "nova religião" é bastante infeliz. Seria melhor falar de um novo "sentimento religioso". Em todo caso, nesse ponto, Lupasco deixa o mundo da filosofia para escrever como poeta: "Essa teofísica energética é uma espécie de entrechoque musical no seio do qual desfilam, confundidas, todas as tristezas e alegrias como sombras que embriagam". As últimas palavras dessa parte escrita por Lupasco em *L'homme et ses trois éthiques* podem chocar os espíritos conformistas: "Existe, para o místico, um *orgasmo de Deus*. Essa terceira ética religiosa é a própria ética do amor".[3] O orgasmo de Deus... Seríamos nós, nós e nosso universo,

---

[2] S. Lupasco, *L'homme et ses trois éthiques* [O homem e suas três éticas], em colaboração com Solange de Mailly-Nesle e Basarab Nicolescu, Mônaco: Rocher,"L'esprit et la matière", 1986, p. 92-96.

[3] *Ibid.*, p. 97.

o resultado desse orgasmo de Deus? O orgasmo fatalmente pressupõe a contradição. Quando Deus decide criar o mundo, ele se separa de si mesmo, em seu desejo de conhecer a si mesmo. A contradição seria, então, um dado divino. Ela é constitutiva do Ser do mundo.

O diálogo jubiloso

A segunda parte de *L'homme et ses trois éthiques* é composta pelo diálogo entre Lupasco, Solange de Mailly-Nesle e eu, realizado em 11 de maio de 1984 e em 1º de junho seguinte. Em nosso entusiasmo ternário, nós lhe demos o nome de "Triálogo".

O *triálogo* foi uma experiência inesquecível: um espetáculo da inteligência, uma festa do espírito. Lupasco respondia todas as perguntas com um grande espírito de abertura, curioso sobre a opinião do outro. Ele esclarecia os aspectos obscuros de seu pensamento com uma desenvoltura que nos surpreendia. E quando não sabia responder, declarava-o sem nenhum constrangimento.

Obviamente, a questão do orgasmo de Deus nos intrigou. Lupasco especificou: "O 'orgasmo de Deus' é a tomada de consciência da contradição fundamental. Eu apresento, através disso, que a partir da afetividade, ao mesmo tempo alegre e dolorosa, nasce o amor, pois o orgasmo está ligado simultaneamente ao prazer e ao sofrimento, tanto na mulher como no homem. Para o místico, que está em contato com a contradição fundamental de Deus, há essa coexistência da dor e da alegria, que representa justamente o amor. Foi isso que eu quis dizer." O orgasmo em questão seria, então, nosso próprio orgasmo, em contato com Deus. E nos encontramos novamente mergulhados no inextricável problema da afetividade. Provoquei-o um pouco a respeito disso perguntando-lhe se há uma quarta ética: a da afetividade. "Não", foi sua resposta, "porque a terceira ética é a ética do contraditório conduzindo à afetividade, enquanto que os outros tipos de não-contraditório eliminam-na; há uma ética da afetividade, então, se você quiser chame-a de afetividade, mas não é uma ética que a torna presente, visto que justamente a afetividade é um enigma, eu não sei por que ela acontece e, aliás, muitas vezes ela não acontece."[4]

Lupasco acrescentou: "Deus talvez seja somente psiquismo, a alma do mundo. Ele tem em suas mãos as duas forças contraditórias, do homogêneo e do heterogêneo, os universos macrofísico e biológico. Só que, até agora, nós apenas conhecemos o universo homogeneizante do monoteísmo ou, ao contrário, o universo heterogeneizante das religiões politeístas". Para Lupasco, o símbolo da cruz "consegue essa união das duas matérias dentro de uma matéria psíquica". Perguntei, então, se tudo o que existe no mundo é material. Lupasco respondeu: "É de matéria/energia no sentido das três matérias. Mas o Deus que é considerado como transcendente é, de fato, um Deus da identidade ou da heterogeneidade. Portanto, ele recai nas três matérias. *Nós somente temos como transcendência da energia a afetividade ontológica.* (...) Então, pode-se dizer que, uma vez que se considera que Deus é o Ser, Deus seria a afetividade."[5]

O problema do *incognoscível* surgiu, então, em nossa conversa, por meio de uma citação de Pseudo-Denys feita por Solange Mailly-Nesle: "Pois Deus é conhecido ao mesmo tempo em toda coisa e fora de toda coisa; e Deus é simultaneamente o modo de conhecimento e o modo de desconhecimento; ele é conhecido através de todos os lugares ao mesmo tempo em que é conhecido através de nada em nada". "É extraordinário, é magnífico...", exclamou Lupasco. "(...) O conhecimento do conhecimento implica, como eu disse, o conhecimento do desconhecimento. (...) O desconhecimento, no fundo, é um fator de evolução e de progresso."[6]

---

[4] *Ibid.*, p. 139 e 132.
[5] *Ibid.*, p. 183, 122 e 129.
[6] *Ibid.*, p. 186.

Nós abordamos muitos outros aspectos e, em particular, o destino das sociedades totalitárias. Para Lupasco, a sociedade comunista é uma sociedade homogeneizante, baseada na entropia e destinada, portanto, à morte. Não se deve esquecer que nossas conversas desenrolaram-se em 1984, cinco anos antes da imprevista queda do sistema soviético. Pode-se dizer, sem sombra de hesitação, que Lupasco havia previsto essa queda.

Nosso *triálogo* teve uma história surpreendente na Romênia: traduzido pela dissidente romena Doïna Cornea, professora de filosofia na Universidade de Cluj, ele foi distribuído como *samizdat*, em 1987, dois anos antes da queda de Ceausescu.

Da alquimia à religião

As ideias de Lupasco atraíram a atenção de um grande especialista em esoterismo ocidental, Antoine Faivre, que era um dos íntimos de Lupasco e que foi citado em *L'univers psychique.*[7] Em seu *opus magnum, Accés de l'ésotérisme occidental,* Antoine Faivre escreveu: "Entre os sistemas propostos até agora, à margem das correntes hermetistas, o de Stéphane Lupasco aparecerá como um dos mais capazes de se contrapor ao império da hidra identitária, pois ele formulou uma ciência da energética e do complexo, que se reúne à alquimia, promovendo a lógica da dualitude como lei universal de toda manifestação. (...) Pensar em termos de dualitude – segundo a bela imagem do arco e da corda proposta por Wunenburger – significa recusar-se a opor o universo psíquico e o universo físico, mas pensá-los como as duas vertentes de um mesmo Todo. Significa recusar-se a opor uma metafísi-

[7] S. Lupasco, *L'univers psychique, op. cit.*, p. 232-233. Antoine Faivre é titular da cátedra de História das Correntes Esotéricas e Místicas na Europa Moderna e Contemporânea da École Pratique des Hautes Études (Departamento de Ciências Religiosas) de Paris.

ca do Ser a uma outra do Conhecer, isto é, a atribuir uma e outra a uma homogeneidade principial. Significa substituir essa oposição por uma metafísica do Devir."[8] A observação de Antoine Faivre é capital. Para além do caso exemplar da alquimia, a filosofia de Lupasco nos protege da "hidra identitária", tão ameaçadora em nossa vida cotidiana. O pensamento de Lupasco revela-se próximo ao da alquimia e dos pré-socráticos, e também do pensamento religioso de Jacob Boehme.[9]

A filosofia de Lupasco também atraiu a atenção dos religiosos, principalmente dos protestantes e católicos. Alguns ortodoxos aquartelaram-se em uma nítida recusa, a lógica do terceiro incluído tendo sido estupidamente proclamada como herética.[10] A análise mais profunda da pertinência da lógica do terceiro incluído e da noção de níveis de realidade no campo da teologia cristã foi feita por Thierry Magnin, em sua tese de doutorado em Teologia, defendida em 1997, e também em seu livro *Entre science et religion*,[11] que sucede sua tese de doutorado. Já em 1994, em colaboração com Thierry Magnin, Michel Camus e Karen-Claire Voss, empreendi uma análise do símbolo "Quicunque" relativo ao dogma

---

[8] A. Faivre, *Accès de l'ésotérisme occidental* [Acesso ao esoterismo ocidental], Paris: Gallimard, 1996, vol. I, p. 44-45.

[9] B. Nicolescu, *La science, le sens et l'évolution. Essai sur Jakob Boehme* [A ciência, o sentido e a evolução. Ensaio sobre Jacob Boehme], Paris: Le Félin, 1988; 2ª edição *L'homme et le sens de l'univers. Essai sur Jakob Boehme* [O homem e o sentido do universo. Ensaio sobre Jacob Boehme], Paris: Philippe Lebaud, 1995.

[10] I. Vladuca, *Mic dictionar de apologética ortodoxa*, Bucarest: Editura Bizantina, 2002, p. 152-154.

[11] T. Magnin, *L'importance de la philosophie morale dans le dialogue entre science et théologie* [A importância da filosofia moral no diálogo entre ciência e teologia], tese de Doutorado em Teologia, Université Catholique de Lille, sob a dir. de P. Louis Desrousseaux, Lille: Presses de l'Université de Lille, 1997; T. Magnin, *Entre science et religion. Quête de sens dans le monde présent* [Entre ciência e religião. Busca de sentido no mundo presente], Mônaco: Le Rocher, "Transdisciplinarité", 1998.

trinitário.[12] Uma análise similar foi feita, a partir da lógica lupasciana, por Bernard Morel.[13] Nossa conclusão foi muito clara: o símbolo "Quicunque" ilustra, de maneira brilhante, como o dogma da Trindade foi o lugar de uma luta contínua entre a lógica do terceiro excluído e a lógica do terceiro incluído. Lido através da lógica do terceiro excluído, o texto do símbolo fica incompreensível, ao passo que através da lógica do terceiro incluído ele é de uma perfeita coerência. Mas a lógica do terceiro incluído não é suficiente: a introdução dos níveis de realidade é capital para uma compreensão racional do texto. Nossa análise foi consideravelmente desenvolvida por Thierry Magnin em seu livro, ao mesmo tempo no plano teológico e no plano lógico, como uma verdadeira proeza transdisciplinar.[14] Thierry Magnin oferece uma chave para a compreensão daquilo que a palavra *heresia* pode envolver atualmente: uma ruptura com a lógica do terceiro incluído e com os níveis de realidade. Evidentemente, a Trindade continua sendo um mistério para a nossa inteligência. Mas isso não exclui uma leitura racional do dogma.

Efetivamente, além desse exemplo, o casamento entre a lógica do terceiro incluído e os níveis de realidade indica a relação íntima entre o racional e o *transracional*. O transracional sem o racional, assim como o racional sem o transracional, encalham, ambos, no irracional.

---

[12] B. Nicolescu, M. Camus, T. Magnin e K.-C. Voss, "Levels of representation and leves of reality: towards na ontology of science", em N. H. Gregersen, M. W. S. Parsons e C. Wassermann, *The Concept of Nature in Science and Theology*, 2ª parte, Genève: Labor et Fides, 1998, p. 94-103.

[13] B. Morel, *Dialectiques du mystère* [Dialéticas do mistério], Paris: La Colombe, 1962.

[14] Ver T. Magnin, *Entre science et religion*, *op. cit.*, p. 171-202.

Capítulo 9

O diálogo interrompido: Fondane, Lupasco e Cioran

A Romênia era, evidentemente, o elo matricial dos grandes romenos de Paris, de Brancusi a Eliade. Fondane, Lupasco e Cioran eram amigos íntimos. A filosofia era sua paixão comum. Mas havia entre eles um elo ainda mais poderoso, mergulhando nas profundezas do inconsciente.

Os romenos de Paris

Fondane era dois anos mais velho que Lupasco. Pouco tempo depois da publicação, em 1935, da tese de doutorado de Stéphane Lupasco, *Du devenir logique et de l'affectivité*, Fondane quis conhecê-lo. Assim começou uma das amizades intelectuais e espirituais mais exemplares desse século. Sua amizade – curta por decisão do destino, mas de uma grande intensidade – abrangeu todos os aspectos da vida e prolongou-se na morte, e até mesmo além dela. A paixão de suas vidas era a compreensão do ser, acima da aleatoriedade do tempo e da história. Cioran conheceu Fondane bem mais tarde, graças a Lupasco, e se desejou encontrá-lo foi mais para interrogá-lo sobre Chestov, referência principal dos intelectuais romenos do período entre as duas guerras.

A amizade entre Lupasco, Cioran e Fondane deixou traços escritos duráveis. Assim, Fondane publicou, em 1943, um estudo intitulado "D'Empédocle à Stéphane Lupasco ou 'la solitude du logique'",[1] sobre o segundo livro de Lupasco, *L'expérience microphysique et la pensée humaine*. O ato de coragem intelectual e moral de Lupasco não escapou ao olhar atento de Fondane.

Em 1947, Lupasco publicou um comovente testemunho sobre Fondane em *Cahiers du Sud*. Com grande discrição, ele evoca seu último encontro: "Há três anos, em março de 1944, em uma pequena sala do departamento de Polícia de Paris, com seu odor denso e característico, diante do olhar sombrio de jovens policiais inativos sentados em seu banco, eu via Fondane pela última vez. Com sua irmã, detida na véspera ao mesmo tempo que ele (...), ele consolava uma mocinha, que um veículo das brigadas volantes havia recolhido ao sair de um liceu para enviá-la a Drancy, e que chorava dolorosamente. Eu o via em pé, sob a luz soturna dessa tarde de fim de inverno, fitando-me com seus claros olhos azuis, com múltiplos lampejos jorrando de sua máscara desolada, tão digno, tão calmo, com seu sorriso afetuoso e zombeteiro, indizível, diante de minha emoção, que eu mal continha."[2]

O episódio é agora conhecido. Jean Paulhan informou Lupasco e Cioran sobre a detenção de Fondane, embora de nacionalidade francesa, e de sua irmã, que era de nacionalidade romena. Lupasco e Cioran conseguiram a libertação de Fondane, mas ele recusou-se a deixar o campo de Drancy

---

[1] B. Fondane, "D'Empédocle à Stéphane Lupasco ou 'la solitude du logique'" [De Empédocles a Stéphane Lupasco ou 'a solidão do lógico'], *Cahiers du Sud*, nº 259, Marseille, 1943.

[2] S. Lupasco, "Benjamin Fondane, le philosophe et l'ami" [Benjamin Fondane, o filósofo e o amigo], *Cahiers du Sud*, nº 282, 1947; texto reeditado em *Non Lieu*, nos 2-3, "Benjamin Fondane", 1978.

sem sua irmã.[3] Ele morreu na câmara de gás em Birkenau. O estranho foi que, apenas alguns dias antes de sua prisão, Fondane pediu a Lupasco para arranjar um encontro com Robert Lacoste, um dos principais chefes da Resistência. Não sabemos praticamente nada sobre o teor da discussão que ocorreu no apartamento de Lupasco, com a presença de um outro resistente, Robert Monod. O testemunho discreto de Lupasco deixou entender que ela foi mais sobre a questão da filosofia da política, do que propriamente sobre a política.

Cioran também nos deixou um belo testemunho sobre Fondane em seus *Exercices d'admiration.*[4]

Fondane deixou, com sua morte, um bom número de manuscritos. Em uma longa carta de 5 de julho de 1946, endereçada a Yvonne e Stéphane Lupasco, a esposa de Fondane, Geneviève, escreveu: "Eu constatei, para minha grande satisfação, que o manuscrito que eu já havia enviado a Kolbsheim, de *L'être et la connaissance*, estava muito melhor do que a cópia do trabalho que mostrei a você anteriormente e que me havia desesperado tanto".[5] Esse ensaio sobre Lupasco somente seria publicado cinquenta e quatro anos depois da morte de Fondane.[6] Por uma estranha coincidência, ele foi lançado no mesmo dia em que foi realizado, no Institut de France, um importante colóquio dedicado à obra de Lupasco.[7]

---

[3] O. Salazar-Ferrer, *Benjamin Fondane*, Paris: Oxus, "Les Roumains de Paris", 2004, p. 224-229.

[4] E. Cioran, *Exercices d'admiration. Essais et portraits* [Exercícios de admiração. Ensaios e retratos], Paris: Gallimard, "Arcade", 1986, cap. "Benjamin Fondane", p. 151-158.

[5] G. Fondane, carta a Yvonne e Stéphane Lupasco de 5 de julho de 1946 (arquivos Alde Lupasco-Massot).

[6] B. Fondane, *L'être et la connaissance. Essai sur Lupasco* [O ser e o conhecimento. Ensaio sobre Lupasco], Paris: Paris-Méditerranée, 1998.

[7] H. Badescu e B. Nicolescu (dir.), *Stéphane Lupasco. L'homme et l'œuvre*, Mônaco: Rocher, "Transdisciplinarité", 1999.

Da não-contradição como pacto com o diabo

Devo confessar que experimentei um sentimento de mal-estar ao ler *L'être et la connaissance – Essai sur Lupasco*. Primeiramente, o manuscrito ficou inacabado. Depois, no momento de sua redação, Lupasco havia publicado apenas dois trabalhos, dos quinze que formaram a totalidade de sua obra, e, portanto, o julgamento de Fondane somente podia ser parcial e fragmentário. Enfim, a ausência de todo um aparato crítico na edição que foi publicada tornou ininteligível o desafio do debate lançado por Fondane. Mas esse sentimento de mal-estar foi, felizmente, contrabalançado pela revelação que esse livro forneceu sobre a amplitude do próprio pensamento filosófico de Fondane, para além da filosofia de seu mestre, Léon Chestov.

A admiração que Fondane sentia pela filosofia lupasciana é indiscutível. Muito maior era a sua exigência. "Não se trata de uma pequena revolução, mas aquela que retira do pensamento de identidade a dominação despótica do real e leva-o, modestamente, a partilhá-la com sua vítima, o pensamento de não-identidade (...). Nenhum dos dois é o lógico que, segundo Lupasco, é unicamente a relação dos dois. Encontra-se aí uma revolução real, cujas consequências poderiam ser incalculáveis...", escreveu Fondane. Desde o início do livro, fica evidente o que, na filosofia lupasciana, atraia Fondane: para ele, essa filosofia "abre sobre nós o abismo sem saída da contradição infinita".[8] Fondane referia-se aqui ao primeiro princípio da lógica clássica, o princípio de identidade. Sua opção era clara. Ele pensava em substituir o princípio de não-contradição pelo princípio de contradição: A é não-A. Com um golpe, o princípio de identidade se desdobrava: A é simultaneamente A e não-A. É interessante mencionar que essa opinião também foi a de Alfred

[8] B. Fondane, *op. cit.*, p. 28-29.

Korzybski[9] que, em 1933, sob a pressão dos paradoxos da mecânica quântica, propôs um sistema de pensamento não aristotélico, com uma infinidade de valores, e que teve como concorrente o célebre escritor de ficção científica Alfred Van Vogt, autor da obra *Le monde des Â*,[10] que Boris Vian acolheu e traduziu com entusiasmo.

É interessante observar que Cioran também punha em dúvida o princípio de identidade. Em uma entrevista concedida a Lea Vergine, Cioran relembrou sua curta carreira de professor de liceu nos seguintes termos: "O aluno respondia: 'Um fenômeno psíquico é instintivo, normal'. E eu: 'Isso não é verdade, tudo o que é psíquico é anormal, e não somente o que é psíquico, mas também o que é lógico', e chegava até a acrescentar: 'O próprio princípio de identidade é doente'".[11]

A opção de Fondane estava diretamente ligada a Chestov que, em sua obra *Les révélations de la mort*, escreveu: "Mas é preciso crer que o princípio de não-contradição não é, de modo algum, tão fundamental quanto nos é dito (...) a vida não foi criada pelo homem; e tampouco foi ele que criou a morte. E, mesmo excluindo-se, elas coexistem no universo, para desespero do pensamento humano que é obrigado a admitir que ignora onde começa a vida e onde começa a morte (...)".[12] Para Fondane, o princípio de identidade equivalia a um pacto com o diabo: "... a sede por um conhecimento cada vez mais seguro (...) impeliu Aristóteles e toda a história da filosofia e das ciências a assinar, com o diabo, o pacto do princípio de identidade". E ele começou a se perguntar se Lupasco não cederia à mesma tentação. Esse "pacto com o diabo" é profundo, pois, para Fondane, ele significava a renúncia ao

---

[9] A. Korzybski, *Science and Sanity*, Lakeville (Conn.): The International Non-Aristotelian Library, 1958 (1933).

[10] A. E. Van Vogt, *Le monde des Â* [O mundo dos Â], Paris: J'ai lu, 1981.

[11] Cioran, *Entretiens* [Conversações], Paris: Gallimard, "Arcades", 1995, p. 134-135.

[12] L. Chestov, *Les révélations de la mort* [As revelações da morte], Paris: Plon, 1958, p. 13.

conhecimento interior em nome de um conhecimento mental, lógico. O diabo é aquele que separa: ele nos separa de nós mesmos, catástrofe ontológica da qual somente um poeta pode captar a justa dimensão. Fondane apreendeu, no entanto, com sutileza, o alcance da dialética lupasciana entre identidade e alteridade, no processo de atualização: "Toda atualização (...) dá lugar, por reação, a uma produção de ideias, de formas, de elementos objetivos, que é diferente dela mesma. E disso resulta esse paradoxo espantoso de que um pensamento de identidade seja o produto de um existente que não considera real senão o irracional, e de que um pensamento irracional seja o produto de um existente que não considera real senão a identidade."[13]

O ápice da intuição de Fondane foi atingido quando ele compreendeu, ao contrário de todas as aparências, que a lógica de Lupasco era, de fato, uma lógica de não-contradição: "Do que obtém Lupasco essa ciência? Do lógico *espontâneo* que atualiza heterogeneidades? Não, do lógico elaborado de não-contradição. Não é, portanto, de uma filosofia da contradição, como nos convidam, que nós precisamos, mas de uma filosofia identificadora que se apoia no contraditório."[14] A conclusão de Fondane é estarrecedora por sua profundidade premonitória. Efetivamente, foi somente em 1951 que Lupasco publicou *Le príncipe d'antagonisme et la logique de l'énergie – Prolégomènes à une science de la contradiction.*

Fondane teve a intuição fundamental sobre a não-contradição da filosofia lupasciana, vista, é verdade, bem mais como um defeito do que como uma virtude: "O que fará Lupasco com essa imensa liberdade que a sua nova definição do lógico colocou em suas mãos? Mal estando em posse de sua nova lógica, Lupasco não sonha mais com a crítica radical com a qual está armado, ele apenas sonha com um meio de fazer com que as ciências se beneficiem de sua descoberta

[13] B. Fondane, *op. cit.*, p. 56 e 43.
[14] *Ibid.*, p. 58.

e apressa-se, então, em edificar um novo conhecimento. E, imediatamente, sua contradição transforma-se em uma não-contradição: sobre o abismo que havia criado, ele arremessou um laço; (...) sua própria contradição tornou-se um muro que não se podia saltar, e cuja porta não podia se abrir para ninguém – pois ele a havia selado com o princípio de não-contradição."[15]

Terrível repreensão. Para Fondane, há em Lupasco, no seio de sua lógica, uma recusa de Deus: sua filosofia é uma *nãotologia*, "uma espécie de ontologia do não-ser". Fondane conheceu, certamente, o papel que Lupasco atribuiu à *afetividade*. Mas a afetividade lhe parecia ter sido acrescentada, ao lado do conhecimento: "O que ficou fora do conhecimento, à porta, não é nada menos do que o Ser; e o que é melhor, somente o Ser não pode entrar no conhecimento, pois, se ele entrasse, adeus conhecimento! Felizmente para nós, ele não entra."[16]

Podemos reconhecer aqui o tom das trocas entre Lupasco e Fondane, inteiramente constituídas de paixão pelo ser e pelo conhecimento. Lupasco escreveu em seu testemunho: "Para Fondane (...) eu *logicizava*, ficava fechado no universo da contradição, essencialmente lógica, motivo pelo qual, justamente, ele acreditava escapar do lógico e atracar nesse porto de uma liberdade metalógica, que era o próprio Deus, o Deus de Abraão, de Jerusalém, em oposição àquele Deus de Atenas, que não era um. (...) Compreende-se, sem dúvida, que eu tenha sido o seu mais inquietante adversário. E a violência de nossas discussões, que não eram interrompidas nem pelo frio, nem pela fome, nem pelas bombas, nem mesmo pelas angústias da ocupação e da resistência, atestavam isso, pode-se dizer, brilhantemente." Lupasco concluiu com uma questão ainda hoje atual, pois o mistério de Fondane permanece intacto: "O que queria ele, esse Homem?"[17]

---

[15] *Ibid.*, p. 92.

[16] *Ibid.*, p. 62 e 65.

[17] S. Lupasco, art. citado, p. 59 e 60.

O que queria ele, esse Homem?

É praticamente impossível responder essa questão. Podemos, no entanto, nos acercar dela formulando outras questões. Um primeiro ponto de vista interessante foi expresso por Cioran: "Na verdade, ele não se interessava tanto por aquilo que um autor dizia, mas por aquilo que ele poderia ter dito, pelo que ele escondia, apropriando-se assim do método de Chestov, ou seja, a peregrinação através das almas, bem mais do que através das doutrinas".[18] Foi precisamente o que Fondane fez no caso de Lupasco: pediu-lhe para mostrar aquilo que escondia, pediu-lhe que fosse mais longe ainda. Fondane sonhava com uma verdadeira revolução que revelasse o Ser em toda a sua esplendorosa participação no conhecimento.

Seu espírito premonitório manifestou-se, mais uma vez, em suas imprecações dirigidas a Lupasco, contidas no artigo publicado em *Cahiers du Sud*: "Ele faz do lógico um devir, mas um devir fechado, imanente a si mesmo, hostil à intrusão, em seu seio, de um *terceiro termo* (...). Ele ainda se recusa a ver em sua lógica pura algo que não seja nem identidade, nem diverso, mas um além do diverso e do idêntico (...)".[19]

Em minha opinião, a conclusão que Michael Finkenthal tirou desse debate, em seu prefácio ao *L'être et la connaissance,* não se justifica. Finkenthal escreveu: "Na linguagem lupasciana, ele teria desejado fundar uma filosofia da afetividade, uma filosofia tornada impossível pelo próprio sistema lupasciano. Finalmente, então, esse sistema, tal como o conheceu Fondane, não podia guiá-lo para a saída do labirinto."[20] Uma saída do labirinto existe, contudo, e a chave é fornecida pelo terceiro incluído. Não pode haver filosofia exclusivamente da afetividade. A afetividade e o terceiro incluído encontram-se

---

[18] E. Cioran, *Exercices d'admiration, op. cit.* , p. 155-156.

[19] B. Fondane, art. citado; o sublinhado é nosso.

[20] M. Finkenthal, em B. Fondane, *op. cit.*, p. 20.

em uma relação de unidade dos contraditórios. A afetividade sem o terceiro incluído é apenas uma palavra vazia.

Fondane morreu muito cedo. Em 1951, seu desejo havia sido realizado. *Le principe d'antagonisme et la logique de l'énergie* foi um livro profético e inaugural: com ele, o terceiro incluído adquiriu plenos direitos na filosofia contemporânea. "A lógica dinâmica do contraditório apresenta-se como (...) a *própria lógica da experiência* e, ao mesmo tempo, como a *própria experiência da lógica*",[21] escreveu Lupasco. Para Lupasco, a lógica é justamente a "própria experiência da lógica": o próprio sujeito que conhece está implicado na lógica que ele formula. A "experiência" é aqui a experiência do sujeito. O caráter circular da afirmação "lógica como a própria experiência da lógica" decorre do caráter circular do sujeito: para definir o sujeito seria preciso levar em consideração todos os fenômenos, elementos, acontecimentos, estados e proposições referentes ao nosso mundo e, além disso, a afetividade. Tarefa evidentemente impossível: na ontologia de Lupasco, o sujeito não poderá jamais ser definido. Tudo o que a lógica pode fazer é experimentar um quadro axiomático bem definido.

A lógica de Lupasco é compatível, se for introduzida a noção de níveis de realidade, com a existência de um "terceiro termo" de que falava Fondane, um terceiro secretamente incluído entre o sujeito e o objeto que é o guardião de nosso mistério irredutível, único fundamento possível da tolerância e da dignidade humana. Sem esse *terceiro oculto* tudo se reduz a cinzas.

Talvez fosse esse terceiro que Fondane buscava, na fronteira entre a poesia, a mística e a filosofia. O terceiro oculto é o outro nome da afetividade. Na carta já citada, Geneviève Fondane escreveu: "Acabo de descobrir, por acaso, várias pá-

---

[21] S. Lupasco, *Le principe d'antagonisme et la logique de l'énergie. Prolégomènes à une science de la contradiction*, Mônaco: Rocher, "L'esprit et la matière", 1987, p. 21.

ginas sobre a mística, surpreendentes, e tão cristãs que elas se tornam demasiadamente cristãs (...). É por excesso que ele se torna heterodoxo."

Cioran também buscava esse terceiro, mas sua postura, em toda a sua obra, é a de um negador do terceiro e do próprio Deus. Em sua monografia sobre Cioran, Simona Modreanu observa com sutileza: "Não podendo aderir nem a um 'sim' espontâneo, nem a um 'não' torturado, Cioran adotou primeiramente uma lógica e, em seguida, uma espécie de metafísica do terceiro incluído (...) baseado na 'voluptuosidade da contradição' e em certa nobreza da lamentação que dilui seu pranto nas sutilezas do paradoxo".[22]

Mas deixemos a última palavra para Benjamin Fondane. Em uma carta endereçada a Stéphane Lupasco, em 23 de julho de 1943, ele escreveu: "A gente escuta o rádio; a gente segue os mapas; a gente faz o passeio cotidiano no Jardim das Plantas; a gente, a gente, a gente. Sim, mas e eu, em tudo isso? (...) Devo confessar-lhe que, neste momento, eu leio um livro sobre a Lógica, que me prepara para o grande acontecimento da sua. (...) O alerta continua. Ou antes, o silêncio – pleno de bombardeios virtuais, potenciais, que sei eu? Isso não termina, de não terminar (...). Eu volto ao meu livro."[23]

---

[22] S. Modreanu, *Cioran*, Paris: Oxus,"Les Roumains de Paris", 2003, p. 197.

[23] B. Fondane, carta a Stéphane Lupasco de 23 de julho de 1943 (arquivos Alde Lupasco-Massot).

Capítulo 10

Abellio e Lupasco. Um ideal compartilhado: a conversão da ciência

A natureza da ciência ocupa, certamente, um lugar importante na obra de Lupasco e de Abellio. O pecado capital da ciência, segundo Abellio, está inscrito em sua própria metodologia: "Devido ao fato de que ela procura a eficácia acima de tudo, a ciência é obrigada a estabelecer divisões, ela distingue o vivo e o não-vivo, o orgânico e o mineral. O conhecimento não aceita essas separações. Para ele, existe vida e consciência em toda parte, mesmo na menor quantidade de matéria e até mesmo na pedra do caminho".[1] Uma interpretação deslumbrante do teorema de Gödel permitiu-lhe afirmar, em seu diário de 1971: "Mas, ainda que a ciência vindoura progrida, como é normal, de maneira 'construtivista' (...), jamais o 'superior' poderá ser explicado pelo 'inferior'. (Esse é, no fundo, o sentido do teorema de Gödel)".[2]

---

[1] R. Abellio, *Approches de la nouvelle gnose* [Abordagens da nova gnose], Paris: Gallimard, 1981, p. 13.

[2] R. Abellio, *Dans une âme et un corps: journal 1971* [Numa alma e num corpo: diário 1971], Paris: Galimard, 1973, p. 107.

O grande romancista Raymond Abellio (1907-1986) possui também uma obra filosófica, atípica mas importante. Foi, afinal, seu *opus magnum* filosófico, *La structure absolue,*[3] que lhe forneceu a chave da junção entre ciência e conhecimento: "Notemos, para começar, que a multiplicação indefinida dos instrumentais ocupa o hemisfério de baixo (em fase 5, encarnação, descida do espírito a serviço da vida, o que a tradição denomina os 'pequenos mistérios'), enquanto que a intensificação indefinida dos sentidos ocupa o hemisfério do alto (fase 6, ascensão, subida da vida a serviço do espírito, o que a tradição denomina os 'grandes mistérios'). Em baixo, as ciências, no plural; no alto, o conhecimento, no singular; no centro, a consciência. O centro é perpetuamente germinativo: a consciência torna-se cada vez mais intensa, ela gira, se quisermos, cada vez mais rápido, e estabelece cada vez mais relações, cada vez melhor dotadas de sentido."[4]

Em *Visages immobiles,* é dito que chegaremos a "nos convencer um dia (que será um grande dia*) da convergência entre a sua [ou seja, "nossa"] ciência profana e o conhecimento sagrado".[5] O conceito fundamental que permite a compreensão do papel da ciência é o de transfiguração. Para Abellio, não há dúvida de que haja "a presença necessária, em todo fenômeno de transfiguração, das essências de baixo, as mais baixas, as menos ligadas, as menos integradas".[6] Em seu sistema filosófico, o princípio de interdependência universal é

* N.T. A expressão francesa *grand jour* (grande dia) designa o momento do dia em que o sol está em ponto mais alto, em que há plena claridade, sem nada que a obscureça

3 R. Abellio, *La structure absolue* [A estrutura absoluta], Paris: Gallimard, 1970.

4 R. Abellio, "Fondements d'esthétique: 'structure absolue' et 'double dialectique'" [Fundamentos de estética: "estrutura absoluta" e "dupla dialética"], em J.-P. Lombard (dir.), *Raymond Abellio,* Paris: L'Herne, "Cahiers de l'Herne", 1979, p. 149.

5 R. Abellio, *Visages immobiles* [Faces imóveis], Paris: Gallimard, 1983, p. 20.

6 R. Abellio, *Approches de la nouvelle gnose, op. cit.*, p. 28.

"o único pressuposto metafísico implicado pela universalidade da 'estrutura absoluta'".[7]

Apesar de suas afirmações, às vezes cortantes, em relação à ciência moderna, Abellio estava, mesmo assim, intimamente convencido de que existe uma ligação profunda entre a física quântica e o princípio fundador da estrutura absoluta. Assim, ele escreveu em *L'être cosmique* (obra em que nos encontramos juntos: Raymond Abellio, Stéphane Lupasco e eu): "O que aparece aqui como 'paradoxal' parece, de fato, ilustrar uma situação muito geral".[8] Ele escreveu também: "A formalização matemática desses fenômenos fará com que a ciência dê um salto para frente bem mais considerável do que aqueles que marcaram a época de Copérnico e de Galileu e, mais próxima de nós, de Einstein".[9] Eu não posso senão subscrever tal perspectiva.

O raciocínio lógico é seguro, porém cego

O nome "lógica da dupla contradição", atribuído por Abellio a sua própria lógica, apresenta, imediatamente, uma questão crucial: tratar-se-ia de uma lógica? A lógica diz respeito, desde a Antiguidade, ao estudo das proposições e das operações dedutivas, independentemente de seu conteúdo. É verdade que a orientação ontológica sempre coexistiu com a orientação linguística, sobretudo na Idade Média, mas ela foi gradualmente eliminada no período moderno. O que explica a enorme resistência encontrada pela lógica de Abellio, e também pela de Lupasco, que tentou unificar as duas orientações.

---

[7] R. Abellio, art. citado, p. 152.

[8] S. de Mailly-Nesle, *L'être cosmique* [O ser cósmico], Paris: Flammarion, 1985, p. 123.

[9] R. Abellio, "Fondements d'éthique (fragments, 1950-1977): enseignement, exemple, influence" [Fundamentos de ética (fragmentos, 1950-1977): ensinamento, exemplo, influência], em J.-P. Lombard (dir.), *op. cit.*, p. 135.

Estritamente falando, a lógica de Abellio não é, então, uma lógica, ao menos na acepção contemporânea desse termo. Jean Largeault que, não obstante, era um amigo íntimo, exprimiu esse fato, com delicadeza, em uma carta endereçada a Abellio, em 3 de novembro de 1973, depois de receber o livro *La fin de l'ésotérisme*: "Sobre outros pontos eu não sei se deveria estar de acordo com você. Refiro-me ao seguinte ponto: não é certo que a lógica se aplique diretamente a um setor do mundo ou aos seus objetos; talvez ela somente se aplique através das matemáticas (e, então, ela se aplica ao mundo real simplesmente em segundo grau, por intermédio das matemáticas)."[10]

Abellio estava, evidentemente, consciente desse fato. Ele escreveu: "Quando eu leio esses infatigáveis detalhistas que são os lógicos, uma divisão se faz em mim, que vale por uma crucificação".[11] Para ele, a lógica moderna é uma lógica totalitária que "não tem nada a ver com o mundo da vida".[12] Jean Largeault fez um julgamento semelhante, mas de uma maneira menos abrupta: "O raciocínio lógico é seguro, porém cego, a segurança é paga com a cegueira".[13]

Admitamos, contudo, a acepção da palavra "lógica" no sentido de Lupasco, integrando um componente ontológico. Esse procedimento está em plena concordância com a própria posição de Abellio: "Nós não estamos, de fato, senão no início de uma grande crise epistemológica que, por sua vez, faz parte da crise decisiva de nossa civilização (...). Todo conflito de civilização é, em última análise, um conflito de lógicas. Nós temos vivido e acreditamos ainda viver sob o reinado da lógica maniqueísta de Aristóteles, a das categorias

---

[10] J.-P. Lombard (dir.), *op. cit.*, p. 394.

[11] R. Abellio,"Journal de Suisse, janvier-septembre 1951 (extraits)", em *ibid.*, p. 353.

[12] R. Abellio, *Manifeste de la nouvelle gnose* [Manifesto da nova gnose], Paris: Gallimard, 1989, p. 76.

[13] J. Largeault, *La logique*, Paris: PUF,"Que sais-je", 1993, p. 94.

cortantes e não comunicantes".[14] Sua lógica é, certamente, uma lógica da contradição. A ambição de Abellio, como a de Lupasco, era de unificar os contrários: "Estão próximos os tempos, parece-me, em que uma chance será dada a todos os contrários, a todos os extremos, de saírem unidos, e será apenas um instante, do estrondo dos apocalipses".[15] Mas essa lógica seria realmente quaternária, como afirma incessantemente Abellio?

Existem, certamente, dois pares de contraditórios: "objeto/mundo" e "órgãos dos sentidos/corpo": "Todo objeto destaca-se sobre o fundo do mundo. Todo sujeito comporta um órgão dos sentidos em relação com um corpo, que é também um universo".[16] Mas a existência de dois pares de contraditórios não significa, necessariamente, que a lógica seja quaternária: ela poderia ser, de modo muito banal, duplamente binária e, portanto, binária, como no caso do pensamento marxista chinês que, de uma maneira incompreensível, fascinou Abellio. Como nós veremos, esse não é o caso. O que salva a lógica de Abellio da binaridade é o centro da estrutura absoluta. O próprio Abellio teve a intuição desse fato quando escreveu: "O centro marcará o lugar da consciência (natural quando ela se abre para baixo, transcendental quando ela considera o alto)".[17]

Para esclarecer esse problema, devemos passar pela lógica de Lupasco. Em 1984, estabeleci um isomorfismo entre a lógica de Abellio e a de Lupasco.[18] Abellio estava inteiramente de acordo com o isomorfismo que propus, ain

[14] S. de Mailly-Nesle, *op. cit.*, p. 123.

[15] R. Abellio, *Visages immobiles, op. cit.*, p. 23.

[16] R. Abellio, *Approches de la nouvelle gnose, op. cit.*, p. 15.

[17] R. Abellio, *La fin de l'ésotérisme* [O fim do esoterismo], Paris: Flammarion, 1973, p. 87.

[18] B. Nicolescu, "Trialectique et structure absolue" [Trialética e estrutura absoluta], *3e Millénaire*, Nº 12, 1984, p. 62-66; B. Nicolescu, *Nous, la particule et le monde*, Mônaco: Le Rocher, "Transdisciplinarité", 2002, 2ª ed., p. 227-230.

da que ele rejeitasse violentamente a expressão "terceiro incluído".[19]

A estrutura absoluta é senária, setenária ou nonária?

Essa questão não é nem de natureza numerológica, nem acadêmica. Ela diz respeito ao problema do sentido. E como o sentido é central na abordagem de Abellio e de Lupasco, convém estudar a questão com o maior rigor possível.

É conveniente fazer a distinção entre princípio e estado. O dinamismo ternário é o resultado da ação, em toda manifestação, de três princípios: a atualização (A), a potencialização (P), e um princípio de densificação máxima da energia (T). Toda manifestação da realidade implica a coexistência desses três princípios, independentes mas inseparáveis. Considerados isoladamente, esses três princípios são, então, virtuais. Sua verdadeira natureza é revelada em suas interações: cada princípio interage consigo mesmo ou com os outros dois. Pode-se assim falar de uma atualização da atualização (A_A), de uma potencialização da atualização (A_P) e de uma atualização no estado T (A_T). De maneira semelhante, podemos introduzir os outros seis termos: P_A (atualização da potencialização), P_P (potencialização da potencialização), P_T (potencialização no estado T), T_A (atualização do princípio T), T_P (potencialização do princípio T), T_T (o princípio T no estado T).

A significação desses nove termos transparece na notação utilizada: a primeira letra indica o nome do princípio, enquanto que o índice significa o estado no qual ele se encontra. Por exemplo: A_A significa que o princípio de atualização atualiza-se, efetivamente, no fenômeno considerado, ao passo que A_P significa que o princípio de atualização po-

[19] R. Abellio, *Manifeste de la nouvelle gnose, op. cit.*, p. 227 e 248.

tencializa-se no mesmo fenômeno. Evidentemente, a partir desses nove termos, pode-se definir uma infinidade de outros termos, correspondendo a um dado princípio que se encontra em um estado complexo, resultando de um encadeamento qualquer de estados T, A e P. Seria possível, desse modo, descrever os diferentes processos da realidade dentro de uma dinâmica de sistemas de sistemas. O que é importante é que essa infinidade de termos é engendrada por somente nove termos fundamentais.

A estrutura lógica ternária da realidade dá origem, portanto, a uma estrutura nonária de todo processo da realidade: o três manifesta sua plena potência transformando-se em nove. Uma leitura instrutiva da estrutura nonária pode ser feita se nós concentrarmos nossa atenção sobre o estado T. O equilíbrio rigoroso entre a atualização e a potencialização parece querer indicar que nenhuma manifestação direta do estado T no espaço/tempo contínuo é possível. Somos obrigados a deduzir que o espaço/tempo associado ao estado T é de uma natureza diferente do espaço/tempo contínuo, que é o receptáculo de nossa realidade comum. O estado T não significaria a presença da consciência?

"Por revelar-se aos meus sentidos, por adquirir um sentido", escreveu Abellio, "este livro que pertence ao mundo põe de lado, então, dentro de uma certa névoa, de uma certa indistinção, o resto do mundo e, consequentemente, estabelece com ele uma primeira relação, a de um objeto destinado a ser percebido em relação a um resto do mundo não destinado a sê-lo. Digamos, para simplificar, que tal objeto torna-se ativo (+) em relação ao resto do mundo, considerado como passivo (-)." O par livro/resto do mundo corresponde ao binário A_A, A_P: "O olho, que percebe o livro interessando-se especialmente por ele", continua Abellio, "abre-se e [torna-se] ele também ativo sobre o fundo posto em repouso de meu corpo, que se tornou passivo, e não especifica ou não isola nada além disso. Aqui, ainda diremos que o olho torna-se ativo (+) em relação ao resto de meu corpo, considerado como passivo (-)."[20] O par olho/corpo corresponde ao binário P_A, P_P. Há, portanto, justamente um quaternário: A_A, A_P; P_A, P_P. Nele não há nem princípio T, nem estado T. O terceiro incluído está totalmente ausente.

"O eixo vertical dos polos", nos diz enfim Abellio, "faz com que apareçam dois outros movimentos inversos um ao outro, um dirigido, por exemplo, para baixo no sentido da acumulação dos instrumentais pelo corpo, através do qual podemos dizer que o mundo encarna-se em nós; o outro para cima no sentido que o mundo adquire para o nosso corpo, através do qual podemos dizer que nós espiritualizamos o mundo".[21] Nós podemos assim identificar o binário (T_A, T_P). A atualização do princípio T (T_A) corresponde a um aumento da informação, a uma densificação da qualidade, a um conhecimento cada vez mais aprofundado, a um aumento da racionalidade do mundo: "nós espiritualizamos o mundo". No sentido contrário, a potencialização do princípio T (T_P) corresponde a uma descida na quantidade: de certo modo, o mundo se serve do sujeito para se diversificar – o sujeito desaparece cada vez mais, dando lugar ao próprio mundo, "o mundo encarna-se em nós".

Desse modo, é constituído o senário T_A, T_P; A_A, A_P; P_A, P_P, que faz com que surja uma situação não de dupla, mas de tripla contradição. Seus elementos não pressupõem o estado T. O terceiro incluído somente está contido virtualmente, no nível do princípio T. Ele está presente, todavia, graças ao eixo vertical da estrutura absoluta. Isso talvez explique o significado do comentário sutil de Pierre Schaeffer: "Eu devo, então, apresentar uma correção às declarações precedentes, quanto ao poder do quadripolo. Ele não evita o aleatório final. Tudo deve se elevar rumo a um sentido quase miraculoso ou cair novamente pelo peso de sua própria necessidade. Esse é, sem dúvida, o modo

[20] *Ibid.*, p. 44.
[21] *Ibid.*, p. 47.

como encontro, no eixo gerador, a terceira dimensão quase mística que Abellio atribui à esfera senária."[22]

O centro da esfera absoluta corresponde ao *singulet* T_T. O princípio T no estado T é o centro, a origem de todo movimento verdadeiro: ele efetua o relacionamento entre o princípio T e o funcionamento natural, mecânico do mundo, entre ciência e conhecimento, entre encarnação e ascensão.

Assim é constituído o setenário T_T; T_A, T_P; A_A, A_P; P_A, P_P. No setenário, o terceiro incluído finalmente assinala sua presença real, enquanto estado.

A terminologia abelliana hesita entre o senário e o senário/setenário. Essa hesitação está, evidentemente, ligada à inclusão ou não-inclusão do terceiro incluído enquanto estado: se Abellio estava disposto a aceitar o terceiro incluído enquanto princípio, inversamente, ele estava pouco inclinado a aceitá-lo enquanto estado. Em termos mais formais, podemos dizer que Abellio não gostaria de ser forçado a incluir o ternário T_T, T_A, T_P. Isso nos parece altamente instrutivo quanto às relações que Abellio mantinha com sua própria estrutura absoluta.

O binário A_T, P_T está, aparentemente, ausente. Os dois elementos estão, todavia, respectivamente presentes na estrutura absoluta, através do que Abellio designa por terceiro e quarto *ek-stase*: "uma rotação (Æ) acontece, do objeto ao olho: um sentido é criado (...); (...) uma corrente se estabelece também do olho a todo o meu corpo (Æ). É um terceiro ek-stase (...); (...) Quarto e último ek-stase de fato: por meio de uma segunda rotação em sentido inverso à primeira, meu corpo tornado ativo fecha o círculo voltando-se para o mundo tornado passivo e, graças a esses novos poderes devidos ao instrumental agora incorporado, vai animar novamente o mundo voltando a ser ativo e extrair novas emergências de objetos. O ciclo é fechado, mas o mundo, por sua vez, foi

---

[22] P. Schaeffer, "Un quaternion pour Abellio", em J.-P. Lombard, *op. cit.*, p. 228.

intensificado."[23] Os dois elementos A_T e P_T correspondem precisamente às duas rotações em questão. Elas só podem ser efetuadas pelo estado T da atualização e da potencialização.

Afinal de contas, a estrutura absoluta é, portanto, nonária. Pode-se descrever esse nonário de várias maneiras diferentes:

— como superposição de um binário (A_T, P_T) e de um setenário (T_T; T_A, T_P; A_A, A_P; P_A, P_P): (A_T, P_T; T_T, T_A, T_P, A_A, A_P, P_A, P_P);

— como superposição de um ternário (T_T, T_A, T_P) e de um senário (T_A, T_P; A_A, A_P; P_A, P_P): (T_T, T_A, T_P; A_A, A_P, A_T, P_A, P_P, P_T);

— ou, enfim, como superposição de três ternários (T_T, T_A, T_P; A_A, A_P, A_T; P_A, P_P, P_T).

A primeira notação está mais próxima da terminologia abelliana, mas as duas notações são isomorfas. Particularmente, a segunda e a terceira notações permitem estabelecer relações interessantes entre a estrutura absoluta e outras buscas de *logica universalis*, como os nonários de Raymond Lulle, de Athanasius Kircher e, evidentemente, de Lupasco; enquanto que a primeira e a segunda notações permitem estabelecer uma relação com o setenário de Jacob Boehme e com o eneagrama de Gurdjieff e suas leis associadas de 3, de 7 e de 9.[24] O desenvolvimento dessas considerações seria muito instrutivo, tanto no plano teórico como prático (operatório), mas ele ultrapassa muito o contexto de nosso livro. Em todo caso, o isomorfismo descrito acima mostra claramente

---

[23] R. Abellio, *La structure absolue, op. cit.*, p. 46-47.

[24] Ver A. Bonner, *Doctor Illuminatus: A Ramon Lull Reader*, Princeton: Princeton University Press, 1993, p. 298-308; J. Godwin, *Athanasius Kircher: un homme de la Renaissance à la quête du savoir perdu* [Athanasius Kircher: um homem do Renascimento em busca do saber perdido], Paris: Jean-Jacques Pauvert, 1980, p. 82; B. Nicolescu, *L'homme et le sens de l'Univers. Essai sur Jakob Boehme* [O homem e o sentido do universo. Ensaio sobre Jacob Boehme], Paris: Philippe Lebaud, 1995, p. 45-53; P. D. Ouspensky, *Fragmentes d'un enseignement inconnu* [Fragmentos de um ensinamento desconhecido], Paris: Stock, 1949, p. 407.

que não há, e que não pode haver, "estrutura absoluta" única no plano conceitual. As diferentes estruturas simbólicas ou matemáticas são somente aproximações de uma eventual "estrutura absoluta", oculta para sempre no mistério do mundo.

Abellio, Gonseth e o terceiro incluído

Resta saber por que Abellio manifestava tal aversão pelo terceiro incluído. Isso foi devido a um real mal-entendido: Abellio acreditava que o terceiro incluído estava sujeito a ser assimilado à síntese da tríade dos marxistas hegelianos: tese/antítese/síntese, e, por isso, pensava que ele dizia respeito a uma sucessão no tempo. Ora, isso é falso. Toda a diferença entre uma tríade de terceiro incluído e uma tríade hegeliana é esclarecida pela consideração do papel do *tempo*. Em uma tríade de terceiro incluído, os três termos coexistem ao *mesmo* tempo. Inversamente, os três termos da tríade hegeliana *sucedem-se* no tempo. Esse é o motivo pelo qual a tríade hegeliana é incapaz de realizar a conciliação dos opostos, enquanto que a tríade de terceiro incluído é capaz de fazê-lo. Na lógica do terceiro incluído, os opostos são antes *contraditórios*: a tensão entre os contraditórios constrói uma unidade mais ampla que os inclui.

Uma longa polêmica, que foi bem mais um debate cortês, foi travada entre nós no período de 1982-1986.[25] A leitura da obra de Abellio havia suscitado em mim um forte desejo de encontrá-lo. Não tendo por hábito solicitar entrevistas, eu esperei que nosso encontro acontecesse por um desses "aca-

[25] B. Nicolescu,"Une lumière dans la douce folie du monde" [Uma luz na doce loucura do mundo], R. Abellio" À propôs du ternaire et du quaternaire" [A propósito do ternário e do quaternário], em M.-T. de Brosse (dir.), *La structure absolue. Raymond Abellio, textes et témoignages inédits* [A estrutura absoluta. Raymond Abellio: textos e testemunhos inéditos], Paris: Albin Michel, 1987, p. 121-125 e 126-127.

sos" dos quais a vida guarda o segredo. A ocasião ofereceu-se naturalmente graças a Bruno Totvanian, diretor da revista *3e Millénaire*, que, por volta do final de 1982, teve a feliz ideia de nos convidar para um almoço com ele. Eu guardo desse encontro a impressão de uma intensa *presença*, de uma imensa curiosidade, de um respeito real pelo papel da ciência no ressurgimento contemporâneo do sentido.

Estimulado por nosso encontro, pensei que poderia, finalmente, realizar um de meus antigos projetos visando estabelecer um paralelo entre os símbolos que se encontram na raiz das obras de Abellio e de Lupasco: a estrutura absoluta e a trialética. Enviei aos dois autores o texto de meu artigo, antes de sua publicação.[26] Em uma carta de 26 de novembro de 1983, ainda que expressando sua apreciação, Abellio formulou uma grande objeção quanto ao aspecto ternário da realidade. Essa objeção havia de inaugurar uma longa troca epistolar e à viva voz, pontuada por alguns períodos de tensão, e cujo desfecho não se produziu senão em maio de 1986, por ocasião de um colóquio em Sainte-Baume. Eis um fragmento dessa carta: "Prefiro evitar toda referência à *tríade* considerada como 'estrutura' básica. Vejo, nessa referência, uma possibilidade de confusão, ou, mais exatamente, um véu intermediário lançado sobre a realidade mais profunda do sentido. Todas as tríades que são encontradas na Tradição... ocultam a verdadeira quaternidade, que é fundamental. Na Trindade cristã, oblitera-se assim a quaternidade Pai/Mãe, o que acaba resultando na inclinação autoritária da moral cristã e seu desdenho pela Mulher... É por isso que eu prefiro falar de *lógica da dupla contradição*".[27]

Quando da publicação de meu livro *Nous, la particule et le monde*, tive a feliz surpresa de receber uma longa, densa e maravilhosa carta de Abellio, que reanimava nosso debate ternário/quaternário, pois um capítulo desse livro havia sido

---

[26] B. Nicolescu,"Trialectique et structure absolue", art. citado.

[27] R. Abellio, carta a Basarab Nicolescu, Paris, 26 de novembro de 1983.

dedicado à *trialética* de Lupasco: "É claro, doravante para mim, que a nova lógica (que deve ser, evidentemente, una e não trina) só pode ser de base quartenária/senária... Isso explica porque sou tão hostil ao emprego de expressões como 'lógica do terceiro incluído', ou 'lógica trivalente' ou 'trialética' que, mesmo com todas as precauções oratórias, criam confusão com a lógica de Hegel."[28] Eu hesitei, por muito tempo, antes de responder a essa objeção, pois me parecia que a oposição feroz de Abellio a todo pensamento ternário tinha sua origem bem além de qualquer argumento baseado na lógica, na filosofia ou na tradição.

A vida nos iria oferecer uma oportunidade inesperada de conciliação. O Instituto para o Encontro e Estudo das Civilizações do Centro Internacional da Sainte-Baume convidou-nos, ambos, para um colóquio tendo como tema "As vias do conhecimento: gnoses/ciências/teologias", que se realizou de 16 a 19 de maio de 1986. Movido por um intenso pressentimento, eu quis ver Abellio antes desse colóquio e, no dia 11 de abril, fui ao seu apartamento parisiense. Inevitavelmente, nossa discussão orientou-se rapidamente para o problema do ternário. Eu disse a ele que não via por que razão, mesmo no plano simbólico, um número qualquer poderia ser mais importante do que um outro de uma maneira absoluta e definitiva. Diante dos meus argumentos, o ceticismo de Abellio era cortês, mas manifesto. Quase desesperado, eu recorri, então, a alguns resultados matemáticos que permitem compreender o comportamento das partículas elementares, e expus a ele, de maneira bastante longa, nesse contexto, o teorema de Peirce. Vi, então, que o olhar de Abellio iluminou-se, repentinamente, com essa luz intensa e indescritível que sinaliza esse *interesse* tão raro, baseado na relação entre o que é pensado e o que é vivido. Pela primeira vez em nossa discussão, ele me pareceu hesitar e disse que devia refletir retomando sozinho os meus argumentos.

---

[28] R. Abellio, carta a Basarab Nicolescu, Paris, 30 de maio de 1985.

No colóquio, minha surpresa foi, no entanto, total. Em sua intervenção, Abellio ressaltou enfaticamente que não há oposição entre o ternário e o quaternário, um dizendo respeito à organização da realidade, o outro à sua dinâmica.[29] Vi-o até mesmo mostrar no quadro-negro a divisão ternária da esfera que simboliza a estrutura absoluta. Senti-me invadido por uma felicidade inominável. A atmosfera mágica da Sainte-Baume era, certamente, propícia a um contato humano para sempre inesquecível.

Em julho, telefonei a ele convidando-o para fazer parte de uma mesa redonda (com a participação de Edgar Morin) que eu tinha a intenção de organizar no mês de outubro, na Sorbonne, sobre o tema "Rumo a uma nova racionalidade", e Abellio aceitou com entusiasmo. Em 27 de agosto, um amigo anunciou-me sua morte. No dia seguinte, com certa surpresa, descobri que a maioria dos jornais dedicava-lhe artigos elogiosos. No contexto de uma morte, a consciência dos contemporâneos de Abellio parecia despertar.

De fato, hoje penso que a aversão de Abellio pelo terceiro incluído vinha de sua reserva em relação à Trindade cristã...

Quanto a Gonseth e Lupasco, suas relações eram cordiais, mas distantes. Na verdade, Gonseth escreveu em *Dialectica*, em 1947, um artigo relativamente crítico sobre *L'expérience microphysique et la pensée humaine* e sobre *Logique et contradiction*. A principal objeção de Gonseth contra a filosofia de Lupasco era, precisamente, o não respeito ao axioma de não-contradição: "Lupasco vai de um salto até a medida mais extrema: para desarmar todas as antinomias do ser e do devir, propõe ele, tornemo-nos simplesmente os aliados íntimos da contradição abrindo-lhe nossas concepções até em seus fundamentos. Ora, temos aí, pensamos nós, um aliado excessivamente perigoso. Isso significaria transferir nossa segurança para mãos pouquíssimo seguras, excessivamente inclinadas a confundir o gesto arriscado, ou mesmo arbitrário, com o

[29] R. Abellio, "À propos du ternaire et du quaternaire", art. citado.

gesto experimentado, e, por isso mesmo, eficaz. Em poucas palavras, é em seu fundamento que a solução de Lupasco nos parece inadmissível."[30]

Essa objeção, feita em 1947, não teve mais razão de ser em 1951 e, sobretudo hoje, após a introdução da noção de níveis de realidade.[31] De qualquer maneira, Gonseth e Lupasco acabaram, finalmente, encontrando-se juntos em um livro de entrevistas do escritor romeno Vintila Horia, *Viaje a los centros de la Tierra.*[32]

Mas deixemos a última palavra para o próprio Abellio: "Essas questões de vocabulário não deveriam mais nos deter. Sua elucidação é o preço a ser pago para que a transdisciplinaridade, da qual Basarab Nicolescu é, aliás, um dos protagonistas mais abertos, deixe de ser um voto piedoso. Os antigos chineses já diziam, com Confúcio, que 'a ciência das justas designações é a ciência suprema'. Não se poderia, de fato, considerá-la como anterior a toda transdisciplinaridade real. É ela que é a própria transdisciplinaridade".[33]

Conversão da ciência ou conversão do cientista?

Abellio não duvidava da possível conversão de alguns cientistas. Como ela está ligada à "aceitação do postulado da interdependência universal",[34] ele sentia que estava muito próxima. O sentido prático dessa conversão foi claramente indicado por Abellio: "Viver no pensamento constante de

---

[30] F. Gonseth, " À propos de deux ouvrages de M. Stéphane Lupasco" [A propósito de duas obras de Stéphane Lupasco], *Dialectica*, vol. 1, nº 4, 1947, p. 309-315.

[31] B. Nicolescu, "Stéphane Lupasco et le tiers inclus. De la physique quantique à l'ontologie" [Stéphane Lupasco e o terceiro incluído. Da física quântica à ontologia], *Revue de synthèse*, vol. 126, nº 2, 2005, p. 431-441.

[32] V. Horia, *Viaje a los centros de la tierra*, Madrid: Plaza y Janes, 1971.

[33] R. Abellio, *Manifeste de la nouvelle gnose, op. cit.* , p. 229-230.

[34] S. de Mailly-Nesle, *op. cit.*, p. 121.

Deus. Fundir-se, permanentemente, na interdependência do todo. Em sua falta, retornar através de uma profunda e consciente respiração do ser".[35] Abellio e Fondane estavam, ambos, em busca da *respiração do ser*.

Mas essa conversão somente é concedida a "alguns seres privilegiados".[36] Na reta ortodoxia de bom número de ensinamentos esotéricos ou gnósticos, o despertar só estará reservado a uma elite. Estamos aqui diante de um paradoxo: de acordo com a estrutura absoluta, a consciência está em toda parte, ela infunde tudo, ela age em toda parte como força de conversão graças ao seu centro germinativo que aciona seu movimento. O espírito seria, portanto, intrinsecamente democrático e mesmo cosmocrático. Como é possível, então, que o acesso ao espírito seja interditado à massa de seres humanos? Nós não pretendemos fornecer aqui uma resposta geral a essa espinhosa questão, mas tentaremos nos aproximar dela dentro do contexto que nos interessa: a ciência e os cientistas.

Abellio não acreditava de modo algum na possibilidade de conversão da própria ciência e de seus fundamentos agnósticos: "A ciência por si e em si é inconvertível: ela sempre avançará de maneira cega, pois faz parte da própria natureza do espírito de abstração e de formalização intensificar-se sempre mais, de maneira que a curto ou a longo prazo, está na própria vocação da ciência evitar todo problema ético e ontológico e instalar-se na infinidade dos possíveis como que dentro de um campo de jogo onde a vida e a morte disputam sempre com chances iguais e indefinidamente renascentes".[37]

Também aqui, estamos diante de um temível paradoxo. O hemisfério de baixo da estrutura absoluta comunica-se com o hemisfério do alto. E mais ainda, as essências do alto

---

[35] R. Abellio, *Dans une âme et un corps, op. cit.*, p. 132.
[36] *Ibid.*, p. 98
[37] R. Abellio, *Manifeste de la nouvelle gnose, op. cit.*, p. 64-65.

não valem estritamente nada na ausência das essências de baixo. A transfiguração não seria precisamente a passagem instantânea das essências de baixo para as do alto? Como poderia haver ascensão sem encarnação? Se há um corte radical entre os dois hemisférios, o que significaria, então, o quaternário, senão girar em círculos até o final dos tempos? Mesmo que a comunicação entre os dois hemisférios seja feita somente por um ponto, esse vazio do vazio que é o centro da esfera absoluta, por que o acesso é permitido a alguns indivíduos de uma comunidade, mas proibido à própria comunidade? Abellio encontrava-se, afinal, em contradição consigo mesmo quando também escrevia: "Paralelamente, um grande sinal: as matemáticas tornam-se puras. (...) Abruptamente, por uma reviravolta desconcertante, as novas matemáticas dedicam-se a inventar o mundo. A verificação somente vem depois, como Tomé com Jesus. Aqui começa o dia."[38]

O problema central: a relação entre sujeito e objeto

O fato mais importante na epistemologia contemporânea foi a mudança induzida pela mecânica quântica da relação entre sujeito e objeto.

Em seu manuscrito de 1942, Heisenberg, que conheceu bem Husserl, introduziu a ideia de três regiões da realidade, capazes de nos fazer chegar ao próprio conceito de "realidade"; a primeira é a da física clássica; a segunda é a da física quântica e dos fenômenos biológicos e psíquicos; a terceira é a das experiências religiosas, filosóficas e artísticas.[39] Essa classificação tem um fundamento sutil: o da proximidade cada vez maior entre o sujeito e o objeto. A decalagem en-

[38] R. Abellio, *Dans une âme et un corps, op. cit.*, p. 198.
[39] W. Heisenberg, *Philosophie. Le manuscrit de 1942* [Filosofia. O manuscrito de 1942], Paris: Seuil, 1998, p. 250-255.

tre as descobertas tecnocientíficas e nossas mentalidades é tão imensa que somente a conversão da tecnociência poderia interromper nossa queda no nada. Mas essa conversão não pode ser dissociada do contexto social, político e econômico. Criar as condições para a conversão torna-se, desse modo, uma responsabilidade política.

Encontra-se aí todo o problema da relação entre o despertar individual e o despertar coletivo, que está no centro de nossa evolução possível. E a evolução, atualmente, só pode ser a da consciência. Abellio e Lupasco foram os grandes precursores desse caminho difícil, mas inevitável.

Capítulo 11

Conversa com Edgar Morin*

Basarab Nicolescu: Em novembro de 1968, cheguei da Romênia e, logo em seguida, encontrei quatro personalidades do exílio romeno, entre as quais Lupasco. Assim ouvi seu nome pela primeira vez. Não sei se já contei, mas foi Lupasco quem me levou a descobrir sua obra. Percebi que havia, entre vocês, uma verdadeira afinidade de pensamento.

Soube também que Stéphane colaborou na revista *Arguments*, da qual você era diretor. Tratava-se de *Systémologie et Cosmogonie*, artigo publicado no número 24, em 1961, dedicado ao problema cosmológico. Encontramos, no mesmo número, estudos de Kostas Axelos, Werner Heisenberg, Martin Heidegger e Roger Munier, o mesmo que depois se tornou tradutor do grande poeta argentino Roberto Juarroz. Você poderia lembrar a interação entre vocês, por ocasião dessa colaboração de Lupasco com a *Arguments*?

Edgar Morin: Trata-se, antes de mais nada, da influ-

---

* N.T. Anteriormente publicado em português, com pequenas diferenças, com o título "Edgar Morin, conversa com Basarab Nicolescu", no tópico "Testemunhos", em Badesco, Horia e Nicolescu, Basarab (dir.), Stéphane Lupasco: o homem e a obra, tradução de Lucia Pereira de Souza, São Paulo: TRIOM, 2001, p. 41-56.

ência de Lupasco sobre mim. Não lembro com exatidão a cronologia, mas a partir do momento em que li um de seus livros, fiquei impressionado com sua concepção fundamental da contradição, o princípio do antagonismo e a relação entre o atual e o virtual. No fundo, devo dizer que, sob outro nome, foi a ideia que retomei com o que denomino a dialógica, porque ela comporta uma relação ao mesmo tempo complementar, antagônica e, eventualmente, concorrente. Acredito que seja um pouco o princípio de Lupasco, diferente da dialética de Hegel, e foi por isto que a denominei dialógica, mais próxima da visão de Heráclito do que da visão dialética e hegeliana/marxista, que sempre comporta uma ultrapassagem. Em outras palavras, o interessante é que não havia essa ultrapassagem hegeliana, mas havia a tensão dos opostos que era criativa, fundamental e necessária.

Devo dizer que, pessoalmente, porque certamente sempre tive o sentimento, tão bem expresso tanto por Pascal como por Niels Bohr, de que o contrário de uma verdade profunda não é um erro, mas uma verdade contrária, eu não podia me impedir de associar termos contraditórios. Foi isso que logo me atraiu, tanto em Heráclito quanto em Pascal.

Assim, encontrar essa expressão marcante em Lupasco, tratada no domínio físico, onde justamente tal visão não era conhecida, é completamente diferente do ponto de vista de Niels Bohr, segundo o qual não podemos resolver a contradição entre a onda e o corpúsculo, e é preciso admiti-la, ao invés de procurar algo diferente, uma ultrapassagem. Em outras palavras, Bohr chega a uma constatação brilhante, enquanto Lupasco elabora um princípio. E foi isso me impressionou; talvez não tenha havido interação, mas Lupasco me influenciou.

B.N.: Você se lembra do primeiro encontro com Lupasco? De qualquer modo, foi antes de 1961.

E.M.: Acho que foi antes, pois lhe exprimi, por escrito, minha admiração e meu interesse. Por isso me interessei por sua colaboração na *Arguments*. Encontrei-o em várias ocasiões.

A primeira, não consigo localizar em minha memória. Provavelmente foi em 1956, ou um pouco antes, porque Lupasco citou meu nome por volta de 1956. Tenho certeza de que nos encontramos antes, porque conheci Lupasco por meio de seus escritos, mas ele não me conheceu pelos meus, que então eram de natureza diferente. Eu havia publicado *Le cinéma ou l'homme imaginaire* e *L'Homme et la Mort*. Portanto, Lupasco não me conheceu por meus escritos, fui eu que, conhecendo seus escritos, quis conhecê-lo.

B.N.: A data é importante porque, em 1951, Lupasco publicou *Le principe d'antagonisme et la logique de l'énergie* onde, pela primeira vez, introduziu explicitamente o terceiro incluído.

E.M.: Devo tê-lo lido no começo dos anos cinquenta.

B.N.: Encontrei nos arquivos de Lupasco uma carta que você lhe mandou da Bretanha, em 6 de julho de 1965. Nela você escreveu: "Espero vê-lo, curioso e paciente com o que me dirá para completar minha introdução". Deduzo, portanto, que as relações entre vocês continuaram a se estreitar após a colaboração em *Arguments*.

E.M.: Sem dúvida, essas cartas o comprovam. Mas, eu falo de minha introdução! Que introdução?

B.N.: Não sei.

E.M.: É curioso, porque publiquei, nessa ocasião, uma introdução a *Une politique de l'homme*. Para completar "minha introdução", desenvolvia um estudo na Bretanha. Isso continua um pouco misterioso para mim: será que lhe enviei um texto para que ele lesse, para que ele me desse a sua opinião? Deu um branco em minha memória.

B.N.: Encontrei, sempre nos arquivos de Lupasco, documentos que parecem demonstrar que as relações entre vocês passaram por um certo esfriamento. E suponho que Marc Beigbeder tinha conhecimento desse fato. Em 20 de setembro de 1971, em uma carta timbrada do Centro de Estudos das Comunicações de Massa, equipe de pesquisa associada ao CNRS, você lhe escreveu sobre o número de *Communica-*

tions no qual Lupasco colaborara com um artigo intitulado *La logique de l'événement ...*

E.M.: Fui eu quem lhe pediu. É um número sobre o evento que organizei na *Communications*.

B.N.: Creio que esse número saiu em 1973. Você termina a carta escrevendo: "Peço-lhe que me responda ao CECMAS, escrevendo sobre a carta *Communications,* para M. Burgelin ..."

E.M.: Que era o secretário de redação.

B.N.: "Fui obrigado, tendo trabalhado todo o verão, a me retirar com urgência, por ordem médica." Acho que foi uma forma diplomática. Na mesma carta, você lhe propõe um certo número de supressões em seu artigo. De qualquer maneira, em 19 de fevereiro de 1972, Lupasco lhe escreveu uma carta um tanto amarga, mas ao mesmo tempo percebe-se, muito bem, todo o apreço que ele sentia por sua obra. Tomo a liberdade de citar uma longa passagem dessa carta.

"Caro Edgar Morin,

Acabo de ler seus dois apaixonantes textos, do começo e do fim deste número de *Communications,* que me parecem, mesmo lendo por alto, profundamente interessantes. Meu prazer foi ainda maior por não me parecer que seja tão grande a diferença entre o arado penetrante, com o qual você trabalha esse rico e vasto campo de informações, e o instrumental de minha lógica geral do contraditório.

Assim, não esconderei a surpresa que senti diante dessa espécie de constrangimento que você parece ter sentido ao inserir meu artigo (...) nesse número da revista dedicado ao evento. Você fala de um mal-entendido. Houve um, realmente. Você bem sabia, ao me convidar, o que deveria esperar; você que leu mais de um de meus livros e que até publicou na revista *Arguments,* em 1961, meu artigo intitulado *Systémologie et Cosmogonie.*

Incluir-me, agora, entre os racionalistas e mesmo os racionalistas metafísicos (que me detestam, mesmo sendo microfísicos, que continuam ligados à lógica clássica da não-contradição e da identidade), é nisso que reside o mal-entendido."

E, no fim da carta, Lupasco escreve:

"Você se debate, com uma extraordinária e heróica sutileza, entre um abissal paralelismo leibniziano, sem harmonia preestabelecida, da necessidade e da contingência indeterminada, improvável e no entanto construtiva, e a lógica do contraditório que os engloba e une. Mas penso que, afinal de contas, nossos pontos de vista se aproximam. Também gostaria muito de continuar essa importantíssima controvérsia e revê-lo em breve.

A seu dispor, com toda amizade,

Stéphane Lupasco"

B.N.: Você poderia dizer, sob seu ponto de vista, a qual mal-entendido Lupasco se refere?

E.M.: Precisaria encontrar as observações que fiz sobre o artigo. Porque, no fundo, se houve um mal-entendido, segundo compreendi, está associado a algumas observações críticas que fiz sobre determinados pontos de seu artigo. Suponho.

B.N.: Não havia uma contradição fundamental entre vocês, nessa ocasião?

E.M.: Não. Admito que, num dado momento, a crítica que eu fazia de Lupasco (e aqui a palavra "crítica" não é apropriada, porque não é uma crítica de ideias), de algum modo, era por sua obra ser extremamente repetitiva. É claro que ele variava o campo de aplicação, mas sempre encontrávamos a mesma máquina trabalhando. Mas não acho que lhe tenha formulado essa crítica, porque me parece que falei de racionalismo. Então, talvez seja o seguinte: li seis, sete livros de Lupasco e depois senti uma espécie de saturação. Tinha a impressão de que a máquina era colocada em movimento, utilizada, e isso já não me sensibilizava tanto. A fecundidade da descoberta de seu pensamento me havia atingido uma vez e não se manifestava para mim, com ou sem razão, por uma nova fecundidade. Foi o que senti. Talvez, nesse artigo, algumas formulações me tenham parecido racionalizadoras, não sei!

B.N.: Em sua carta, Lupasco escreveu: "Foi, sem dúvida, a palavra determinismo que deve tê-lo aborrecido, em relação ao evento. Mas, para começar, uma lógica não é uma metafísica. Por outro lado, o que fiz, ao longo de todos os meus trabalhos, foi somente extrair a lógica do antagonismo e da complementaridade contraditória..."

E.M.: Há dois tipos de problema: um quanto à palavra determinismo e outro quanto à palavra metafísica. "Determinismo" é muito possível, porque no fundo, para mim, a ideia desse número sobre o evento era, de algum modo, fazer brotar um recalcado, o recalcado não apenas das ciências físicas, mas das ciências humanas, da história. Ainda estávamos na época em que a história, sob a influência da Escola dos Anais, era uma espécie de história de determinismos econômico/sociais, na qual considerávamos os acontecimentos: as guerras, as batalhas, os reinados, a espuma da história. Mas meu objetivo, nesse número, era o de fazer uma demonstração aos homens das ciências humanas e sociais. A partir do momento em que há inumeráveis acontecimentos cósmicos, em que o aparecimento da vida é um fato, em que a própria termodinâmica prigoginiana mostra que há bifurcações, em que o acontecimento é reabilitado nas ciências físicas, em que o contingente ou o aleatório são reabilitados nas ciências físicas, por que o determinismo nas ciências sociais e humanas? Sabemos, lendo Shakespeare, que a história é como um conto narrado por um cretino cheio de fúria. Era minha perspectiva filosófica. É possível que, ao ver aparecer um excesso de determinismo, eu tenha reagido. Por exemplo, Pierre Thuillier ficou aborrecido comigo. Quando fazia aqueles números em que me envolvia demais, tanto na *Communications* como na *Arguments*, representava um pouco o papel de Jean Paulhan na *Nouvelle Revue Française*: pegava os artigos e fazia observações aos autores. Não apenas para dar minha opinião, mas para que sua obra se completasse, para que desenvolvessem seu pensamento, evitassem excessos de repetições. Fiz, então, algumas observações a Thuillier sobre seu artigo a respeito do determinismo. Talvez, segundo seu ponto de vista, ele negasse a importância do evento, pois ficou aborrecido: "Se for assim, retiro meu artigo". Lupasco não retirou seu artigo.

B.N.: O artigo de Lupasco, publicado no número 18 de *Communications*, obteve grande sucesso. Tanto que Olivier Burgelin lhe pediu autorização para traduzi-lo para as edições italianas Bompiani, para a revista mexicana *Dialogos*, para a editora brasileira Vozes. Trechos do número foram traduzidos em vários países do mundo. Convém lembrar de passagem que observei que no cabeçalho da carta de Burgelin havia, em 1973, o timbre do CECMAS, ao passo que, em 1974, de repente aparece um outro, CETSAS (Centro de Estudos Transdisciplinares – Sociologia, Antropologia, Semiologia), fato importante na história da transdisciplinaridade. Mas passemos a uma questão feita por muitos leitores de suas respectivas obras: o que realmente distingue sua dialógica da filosofia do terceiro incluído de Lupasco?

E.M.: O que a distingue fundamentalmente? Não vejo distinção fundamental. Há palavras que são empregadas diferentemente e que, portanto, dão uma orientação diferente. Se penso, por exemplo, na questão do terceiro incluído, eu, ao contrário de Lupasco e de você, não falo de lógica do terceiro incluído. Talvez seja quanto à palavra "lógica" que haja distinção.

Penso que, em todos os problemas profundos e importantes, qualquer que seja o campo, a lógica clássica, os axiomas aristotélicos, não funcionam. Somos obrigados a manter formulações contraditórias nas quais o terceiro está incluído. A noção que desenvolvi, em meu livro *Les idées*, é que essa lógica aristotélica é válida de uma maneira segmentar, nos segmentos do discurso, ela é válida retrospectivamente para verificar a cadeia do discurso, mas não é válida como um todo. Vou dar-lhe um exemplo, que uso com frequência: a fórmula de Heráclito "viver de morte, morrer de vida". É uma fórmula absolutamente paradoxal, pois as duas noções se repelem. E, no entanto, podemos integrá-las a partir do momento em que explicamos que as células reconstituem as proteínas, que o organismo cria novas células depois da morte das células; nos ecossistemas, a cadeia é feita através da morte. É uma expressão absolutamente paradoxal, porque podemos dizer, como Bichat, que a vida é o conjunto daquilo que resiste à morte, mas acrescentando: inclusive a morte. Porém, essa ideia paradoxal, e que a lógica clássica não pode compreender, posso formulá-la segmento por segmento usando a chamada lógica clássica.

Chego a dizer, sempre no nível lógico, porque não pode haver, do meu ponto de vista, uma lógica de terceiro incluído. A lógica clássica é prescritiva ou proibitiva: ela proíbe que se faça essa ou aquela operação. Ao passo que não há lógica prescritiva do terceiro incluído. Não se pode dizer, em nenhuma circunstância, que esta folha de papel também seja um pijama. A banalidade, a trivialidade, o pensamento fragmentado, obedecem à lógica aristotélica. O terceiro incluído impõe-se quando aparece um certo tipo de problema profundo. E é por isso que eu reconheço a necessidade de introduzir esse terceiro, de ultrapassar essa sujeição à lógica que impede qualquer contradição, mas, ao contrario de você e de Lupasco, eu não digo que uma lógica ou uma filosofia possa ser definida através do terceiro incluído.

B.N.: E, no entanto, você era bastante atraído pelo teorema de Gödel. Porque aí está o ponto essencial: essa estrutura organizacional da lógica do terceiro incluído é de tipo gödeliana. Ela nunca se fecha.

E.M.: É claro. Mas Gödel chega a um princípio de incompletude. Isto é, ele diz que o sistema não pode dar conta dele mesmo por meio de seus próprios recursos. Não se sabe se ele é consistente e não se sabe se ele comporta uma contradição. Primeiro ponto: a incompletude.

Segundo ponto: pode-se, no entanto, conceber um metassistema mais rico, capaz de compreender o sistema e que, evidentemente, ele mesmo se abra para o infinito. Mas não vejo a expressão de uma lógica específica do terceiro incluído.

B.N.: Exceto se introduzirmos a noção de níveis de realidade que, efetivamente, estava ausente, na época, na filosofia de Lupasco.

E.M.: Essa ideia de abertura, que vemos emergir em Gödel, concordo inteiramente com ela. Mas é claro, você pode dizer que a realidade microfísica, com suas qualidades, suas características (vida própria, ontologia própria) está incluída em nossa realidade mesofísica. Há aí, com efeito, uma contradição. Porém, tudo considerado, essa contradição não é, necessariamente, o resultado de uma lógica que estava presente *a priori*. Ela surgiu a partir do conhecimento da microfísica.

B.N.: Acredito que você esteja abordando, de fato, um problema importante, um mal-entendido ligado à obra de Lupasco, mal-entendido que se manifesta também em um livro inédito recente, *L'Être et la connaissance*, de um poeta desaparecido muito jovem, Benjamin Fondane, exterminado na câmara de gás de Birkenau, em 1944. Fondane não via o aspecto ontológico da obra de Lupasco. Por causa desse mal-entendido, prefiro falar de filosofia do terceiro incluído e não apenas de lógica do terceiro incluído, pois essa lógica tem um componente ontológico fundamental. Senão, eu estaria plenamente de acordo com você.

É interessante considerar, no contexto de nossa conversa, sua obra maior, *La Méthode*. Catorze anos separam o primeiro volume, *La nature de la nature*, editado em 1977, do último, *Les idées – leur habitat, leur vie, leurs moeurs, leur organisation*, editado em 1991. Lupasco tem um lugar destacado na bibliografia do primeiro volume, em seguida desaparece estranhamente na do segundo e do terceiro volumes para, finalmente, reaparecer na do último, onde você escreve, principalmente, na página 201, "A dialógica é justamente o terceiro incluído..." Nesse intervalo de tempo, você também o citou em *Science avec conscience*, editado em 1982.

Por que esconder minha alegria ao constatar que você dedica, novamente, a Lupasco e a sua filosofia do terceiro incluído, um lugar importante no pensamento significativo deste fim de século? Será que, com a passagem do tempo, seus pontos de vista se aproximaram, conforme a previsão feita por Lupasco na carta que lhe enviou em 19 de fevereiro de 1972?

E.M.: Em primeiro lugar, pareceu-me necessário, no primeiro volume, que é essencialmente uma reflexão sobre o mundo físico, citar Lupasco, principalmente aquele Lupasco que eu havia lido com maior intensidade. O segundo volume foi feito, sobretudo, a partir das referências e da literatura de biologia que havia estudado. Talvez essa obra não estivesse presente em minha memória, porque era o primeiro Lupasco que lá estava. Não se trata de um afastamento, em minha opinião, mas sim de um esquecimento. É um esquecimento entre outros que me ocorreram. Por exemplo, estão ausentes da bibliografia muitos autores lidos antes de começar a viagem de *La Méthode*, ou seja, antes de 1969-1970, embora esses autores me tenham marcado de maneira importante e sobre os quais não havia feito anotações. Fizeram-me observar a ausência de Piaget. E por que você não falou de fulano? Não fiz uma bibliografia à maneira universitária. Não procurei esgotar minha bibliografia. Exploro um território e, a partir do momento em que faço leituras redundantes, onde nada mais aprendo sobre o problema estudado, deixo de lado e não prossigo minha bibliografia. Portanto, minha bibliografia não é coerente. A meu ver, não penso que me tenha afastado de Lupasco no segundo e no terceiro volumes. Mas, por outro lado, uma vez que abordei a lógica no quarto, não podia deixar de reconsiderar e não dizer "a dialógica é o terceiro incluído". Não podia deixar de fazê-lo.

B.N.: Vamos encerrar com uma questão considerada atual. Sem tomar nossos desejos por realidades, creio que podemos afirmar que, após uma longa segunda morte, feita de silêncio constrangedor, a obra de Lupasco conhece, atualmente, uma verdadeira ressurreição. O colóquio organizado no Institut de France, em março de 1998, é um testemunho dessa avaliação crítica, longe de qualquer elogio exacerbado à obra de Stéphane Lupasco. Um fato também importante é que os jovens filósofos e cientistas redescobrem Lupasco, fenômeno que pude constatar, com certo assombro, graças aos fóruns de discussões na Internet. Mas, minha questão é a seguinte: Lupasco foi redescoberto por aqueles que, nas pegadas do caso Sokal, viam o irracional em toda parte e, sobretudo, no campo da interpretação da ciência moderna. Assim, Lupasco foi estranhamente empurrado para a frente do palco, como um precursor do irracional desentocado na obra de Francisco Varela, Henri Atlan, Ilya Prigogine ou René Thom. Quando poderemos dispor de um estudo douto e universitário sobre "Edgar Morin e o Irracional"? É como se uma certa casta do pensamento confortável fosse terrivelmente incomodada pela ressurreição do sujeito. O que você pensa sobre esse súbito alarde em torno do irracional?

E.M.: Antes de responder-lhe, quero dizer que, enquanto viveu, Lupasco foi extremamente marginalizado. Aos físicos, parecia muito bizarro; aos filósofos, parecia muito bizarro. Ele estava numa situação semelhante à nossa, de não poder ser classificado. Porque era um pensador e, infelizmente, os pensadores saem fora dos padrões. Lupasco é uma espécie de ímã que atrai espíritos vindos de diferentes lugares: os poetas, os escritores, os cientistas, os filósofos que, em seu íntimo, sentem-se muito infelizes no paradigma reinante, no modo de pensamento banal, no pensamento disjuntivo, no pensamento redutor, no pensamento que recusa qualquer contradição. Portanto, todos eles encontram um eco profundo de si mesmos em Lupasco. Por outro lado, Lupasco teve a oportunidade de ter seguidores fiéis e até mesmo alguns sectários – você fazia menção a Beigbeder. Provoquei uma vez a fúria de Beigbeder. Esqueci o porquê. Mas ele era muito corajoso com seu boletim mimeografado *La bouteille à la mer*. Lupasco teve seus seguidores e, além disso, o renascimento sempre necessita de um acontecimento. Ou seja, o movimento não pode deslanchar a não ser que, em um dado momento, haja quatro ou cinco seguidores que comecem a propagar a mensagem. Penso que, nesse renascimento, você desempenhou um papel importante junto com alguns outros e, é claro, há um clima em que, novamente, o tipo de espírito infeliz com o sistema clássico se reconhece.

Algo bastante significativo era que o físico clássico, ou típico, estava cada vez mais persuadido de ser o dono da razão e de que tudo o que estivesse fora desse contexto era irracional. A palavra irracional significa tudo o que está fora de minha capacidade de compreender. Lembro-me muito bem da União Racionalista e também daquela revista comunista chamada *La Pensée – Revue du Rationalisme Moderne*. Para eles, era irracional tudo o que contradissesse seu marxismo estreito e este, por sua vez, era, sem que eles o soubessem, completamente irracional, isto é, sem nenhuma ligação entre a construção intelectual e o mundo empírico. O racionalizador necessita do inimigo irracional. Muitos o encontraram na astrologia, como se o mundo moderno estivesse ameaçado pelos astrólogos ou pelo renascimento das seitas. Eles sentiam a necessidade de manter a ideia de que eram os grandes sacerdotes da razão e que a razão estava ameaçada.

Mais recentemente, eles percebem que, cada vez mais, as concepções científicas não correspondem, de modo algum, ao seu padrão, são totalmente ininteligíveis em seu modo de racionalização demasiadamente fechado, e inclinam-se a dizer: é irracional. Não vemos em que a auto-organização possa ser irracional. Em que Espinoza pode ser bruscamente irracional, em relação aos deístas, porque ele diz que o mundo criou a si mesmo? Há uma espécie de delírio racionalizador que desconhece estar na desrazão mais total.

A meu ver, é a contrarreforma. Uma casta que se encontra ameaçada em sua apropriação da cientificidade. O científico, cuja imagem mais pura era o físico, começou a se ver contestado no próprio interior de seu campo, a partir da invenção da bomba atômica. Descobriu-se que, por trás de Einstein, também havia o doutor *Folamour* [Dr. Strangelove]. O respeito devido aos cientistas começa a desmoronar.

Além disso, alguns físicos clássicos tentam ignorar toda a microfísica moderna que, para eles, é irracional. Não apreciaram, de modo algum, o fato de que, nas concepções da biologia, de forma certamente exagerada, tenham sido enfatizadas as mutações casuais nas teorias da evolução. Sentiram-se invadidos pelo aleatório. Tinham uma concepção determinista do mundo. O aleatório seria apenas uma ilusão originada por nossa ignorância. Agora lhes dizem: a indeterminação, o aleatório, existem. Então, eles sentem necessidade de uma cidadela na qual possam reafirmar seu prestígio. Várias manifestações testemunham isso. Houve o Manifesto de Heidelberg. Houve a ofensiva de Sokal, Bricmont e Weinberg. Invariavelmente, defendem-se como que dentro de uma fortaleza para manter a grande sacerdotisa. Eles são muito fortes, porque têm a instituição a seu favor. Eles têm a instituição, o conservadorismo e os sistemas escolar e universitário que reproduzem essa situação, e aqueles que não pensam assim encontram-se também dentro da instituição, mas não detêm os postos-chave. Assistimos a uma inundação de denúncias do irracional. Mas creio que justamente isso nos permite, cada vez mais, reverter a proposição e mostrar que a irracionalidade está do lado deles.

B.N.: Obrigado por ter concordado com este encontro, com o qual eu sonhava, confesso-o, há mais de dez anos. Que demonstração melhor do terceiro incluído do que esta conversa? Stéphane está aqui presente, como um terceiro incluído, benévolo e generoso. Ele espera de você, talvez, a palavra final.

E.M.: Já que ele está presente entre nós, gostaria que soubesse que o admirei, que o respeitei e que se o melindrei um pouco – aliás, ele não me levou a sério – foi por razões que estavam ligadas ao meu papel de diretor de revista tal como o concebo, talvez de diretor um pouco minucioso, com uma pitada de mal-entendido ou incompreensão, mas, enfim, ele está em meu panteão.

B.N.: Obrigado, Edgar!

Capítulo 12

Para não concluir

Uma ideia atravessa como um eixo o presente livro: a realidade é plástica. Nós somos partes integrantes dessa realidade, que se modifica graças aos nossos pensamentos, sentimentos, ações. O que significa dizer que somos plenamente responsáveis pelo que é a realidade. A realidade não é algo exterior ou interior a nós: ela é simultaneamente exterior e interior.

O mundo se move, vive e se oferece ao nosso conhecimento graças a uma estrutura ordenada daquilo que, no entanto, muda incessantemente. A realidade é, portanto, racional, mas sua racionalidade é múltipla, estruturada em níveis. É a lógica do terceiro incluído que permite que a nossa razão passe de um nível ao outro. Os níveis de realidade correspondem a níveis de compreensão, através de uma fusão do saber e do ser.

O terceiro oculto, entre o sujeito e o objeto, não admite, todavia, qualquer racionalização. A realidade é, então, também transracional. O terceiro oculto condiciona a circulação da informação não somente entre o objeto e o sujeito, mas também entre os diferentes níveis de realidade do sujeito e entre os diferentes níveis de realidade do objeto. A descontinuidade entre os diferentes níveis é compensada pela continuidade da informação portada pelo terceiro oculto.

O mundo é simultaneamente cognoscível e incognoscível. O mistério irredutível do mundo coexiste com as maravilhas descobertas pela razão. O incognoscível penetra cada poro do cognoscível, mas, sem o cognoscível, o incognoscível seria apenas uma simples palavra vazia. Fonte da realidade, o terceiro oculto alimenta-se dessa realidade, através de uma respiração cósmica que nos inclui, a nós e ao universo.

Um porvir sustentável será aquele da descoberta das múltiplas faces da realidade.

Dados Biográficos de S. Lupasco

1900:	Nascido em 11 de agosto de 1900, em Bucareste, Romênia.
1916:	Chegada à França, onde viveu até o fim dos seus dias. Estudos no *Lycée Buffon*, Paris.
1920:	Bachalerado.
1924-1927:	Diplomas em Ciências e Letras pela Sorbonne.
1928:	Licenciado em Letras pela Sorbonne.
1929:	Casamento em Paris com Georgette Ghica.
1935:	Doutorado em Letras pela Sorbonne, *Du devenir logique et de l'affectivité*, sob orientação de Abel Rey.
1937:	Casamento em Paris, em segundas núpcias, com Yvonne Bosc.
1946-1956:	Pesquisador no Centre National de la Recherche Scientifique – CNRS. Stéphane Lupasco é obrigado a deixar o CNRS, pois algum comitê considerou seus trabalhos como sendo inclassificáveis.
1947:	Naturalizado francês em 12 de março de 1947.
1952:	Candidatura, sem sucesso, ao Collège de France.
1953:	Oficial da Académie de l'Éducation Nationale.
1961:	O prêmio Femina-Vacaresco é outorgado a *Années obscures de Jésus*, de Robert Aron, por sete votos contra quatro atribuídos a *Les trois matières* de Stéphane Lupasco.
1976:	Medalha gravada por James Guitet, Club Français de la Médaille; ela traz, sobre uma face, a

efígie de Stéphane Lupasco e, sobre a outra, as fórmulas fundamentais da lógica do terceiro incluído.

1984: American Academy of Arts and Sciences Award.

1987: Membro fundador do Centre International de Recherches et Études Transdisciplinaires – CIRET.

1988: Falecimento em 7 de outubro de 1988.

1991: Membro da Academia Romena (*post-mortem*)

- Redator na *Revue Philosophique*, Paris
- Membro do Comitê de Redação da revista *Ring des Arts*, órgão do Círculo de Arte Contemporânea, Zurique
- Membro do Conselho de Redação da revista *3e Millénaire*;
- Membro da Sociedade Francesa de Filosofia
- Membro do Grupo Francês de Historiadores das Ciências
- Membro da Sociedade Francesa de Estética
- Membro de honra da Academia Romeno-Americana das Ciências e Artes – ARA

Bibliografia

Livros

Dehors..., Paris: Stock, 1926 (único livro de poemas de Stéphane Lupasco).

Du devenir logique et de l'affectivité, vol. I, *Le dualisme antagoniste et les exigences historiques de l'esprit*; vol. II, *Essai d'une nouvelle théorie de la connaissance*, Paris: Vrin, 1935; 2ª ed., 1973 (tese de doutorado).

La physique macroscopique et sa portée philosophique, Paris: Vrin, 1935 (tese complementar).

L'expérience microphysique et la pensée humaine, Paris: PUF, 1941 (uma edição preliminar foi publicada em 1940, em Bucareste, pela Fundatia Regala pentru Literatura si Arta), 2ª edição, Mônaco: Rocher, col. "L'esprit et la matière", 1989, prefácio de Basarab Nicolescu.

Logique et Contradiction, Paris: PUF, col. "Bibliothèque de Philosophie Contemporaine", 1947.

Le principe d'antagonisme et la logique de l'énergie. Prolégomènes à une science de la contradiction, Paris: Hermann, col. «Actualités Scientifiques et Industrielles», nº 1133, 1951; 2ª edição, Mônaco: Rocher, col. «L'esprit et la matière», 1987, prefácio de Basarab Nicolescu.

Les trois matières, Paris: Julliard, 1960; 2ª edição, Strasbourg: Cohérence, 1982; reeditado em livro de bolso, UGE, col. «10/18», 1970

L'énergie et la matière vivante, Paris: Julliard, 1962; 2ª edição, Paris: Julliard, 1974; 3ª edição, Mônaco: Rocher, col. «L'esprit et la matière», 1986.

Science et art abstrait, Paris: Julliard, 1963.

La tragédie de l'énergie, Paris: Casterman, 1970.

Qu'est-ce qu'une structure?, Paris: Christian Bourgois, 1971.

Du rêve, de la mathématique et de la mort, Paris: Christian Bourgois, 1971.

L'énergie et la matière psychique, Paris: Julliard, 1974; 2ª edição, Mônaco: Rocher, col. «L'esprit et la matière», 1987.

Psychisme et Sociologie, Paris: Casterman, 1978.

L'univers psychique, Paris: Denoël-Gonthier, col. «Médiations», 1979.

L'homme et ses trois éthiques, em colaboração com Solange de Mailly-Nesle e Basarab Nicolescu, Mônaco: Rocher, col. «L'esprit et la matière», 1986.

Traduções

EM ESPANHOL

Las tres materias, Buenos Aires: Editorial Sudamericana, 1963.

Nuevos aspectos del arte y de la sciencia, Madrid: Guadarama, 1968.

La tragedia del energia, Bilbao: Desclée de Brouwer, 1971.

Energia y materia psiquica, Madrid: Fundacion Canovas del Castillo, 1983.

EM ALEMÃO

Naturwissenschaft und Abstrakte Kunst, Stuttgart: Ernst Klett Verlag, 1967.

EM ITALIANO

La tragedia della energia, Roma: Edizione Paoline, 1973.

EM PORTUGUÊS

O Homem e as Suas Três Éticas, com a colaboração de Solange de Mailly-Nesle e Basarab Nicolescu, tradução de Armando Pereira da Silva, Lisboa: Instituto Piaget, 1994.

Manifesto da Transdisciplinaridade, São Paulo, TRIOM Editora, 1999.

Stéphane Lupasco – o Homem e a Obra, com Horia Badescu, São Paulo, TRIOM Editora, 2001.

Participação nos livros

EM ROMENO

Logica dinamica a contradictoriului, Bucareste: Editura Politica, 1982, seleção de textos e prefácio de Constantin Noïca, tradução e posfácio de Vasile Sporici.

Experienta microfizica si gindirea umana, Bucareste: Editura Stiintifica, 1992, estudo introdutório de Vasile Tonoiu, posfácio de Basarab Nicolescu.

Omul si cele trei etici ale sale, Iasi: Editura Stefan Lupascu, 1999, tradução de Vasile Sporici.

Universul psihic, Iasi: Institutul European, 2000, tradução de Vasile Sporici.

Logica si contradictie, Iasi: Editura Stefan Lupascu, 2005, tradução de Vasile Sporici.

Principiul antagonismului si logica enegiei, Iasi: Editura Stefan Lupascu, 2005, tradução, notas e posfácio de Vasile Sporici.

Entrevistas

"Incontro con Stéphane Lupasco", entrevista realizada por Giancarlo Marmori, Revista *ABC,* Milão, 4 de dezembro de 1960.

"Quel est l'événement le plus important de 1963? – 25 personnalités répondent", Paris, *Arts,* 25-31 de dezembro de 1963.

Vintila Horia, *Viaje a los centros de la Tierra,* Barcelona: Plazas y Janes, 1971; entrevistas com Werner Heisenberg, Stéphane Lupasco, Carl Gustav Jung, Miguel de Unamuno, Urs von Balthasar, Gabriel Marcel, Ferdinand Gonseth, Arnold Toynbee, Georges Mathieu, Olivier Messiaen, Raymond Abellio, Federico Fellini, *et al.*

"Libres questions à Stéphane Lupasco", entrevista realizada por Philippe Monnin e Jo Cohen *Revue 01 Informatique,* n° 121, Paris, junho-julho de 1978.

Entrevista realizada por Jacqueline Barbin e Philippe Girod, revista *Psychologie Humaniste,* n° 23, Paris, dezembro de 1982 – fevereiro de 1983.

Christine Hardy, *La science devant l'inconnu,* Mônaco: Rocher, col. «L'esprit et la matière», 1983.

Solange de Mailly-Nesle, *L'être cosmique*, Paris, Flammarion, 1985.

Monica Lovinescu, *Intrevederi cu Mircea Eliade, Eugen Ionescu, Stefan Lupascu si Grigore Cugler*, Bucarest: Cartea Romaneasca, 1992.

Michel Random, *La pensée transdisciplinaire et le réel*, Paris: Dervy, 1996; em português, *O Pensamento Transdisciplinar e o Real*, tradução de Lucia Pereira de Souza, São Paulo: TRIOM, 2000.

Artigos e estudos (seleção)

"Les idées directrices d'une nouvelle philosophie des sciences", Paris: *Thalès*, Librairie Félix Alcan, 1936, coletânea anual dos trabalhos do Institut d'Histoire des Sciences et des Techniques de l'Université de Paris.

«*La dialectique de la durée* de Gaston Bachelard", Paris: *Thalès*, Librairie Félix Alcan, 1936, p. 189-194.

«La double causalité. Le problème des deux matières", comunicado ao IX Congresso Internacional de Filosofia, resenhas publicadas por Hermann, Paris, 1937.

«Infinitul si experienta», *Revista Fundatiilor Regale*, vol. 4, nº 9, Bucareste, 1º de setembro de 1937.

«Experienta fizico-biologica si infinitul», *Revista Fundatiilor Regale*, vol. 4, nº 10, Bucareste, 1º de outubro de 1937.

«Gîndire si viata a popoarelor», *Revista Fundatiilor Regale*, vol. 6, nº I0, Bucareste, 1º de outubro de 1939.

"Les cadres logiques du fait vital", *Revue Philosophique*, Paris: PUF, setembro-outubro de 1940.

«Valeurs logiques et contradiction», *Revue Philosophique*, nº 1-3, Paris: PUF, janeiro-março de 1945.

«Benjamin Fondane, le philosophe et l'ami», *Cahiers du Sud*, nº 282, Marseille, 1947; texto reeditado em "Benjamin Fondane", *Non Lieu*, nº 2-3, Paris, 1978.

«Une nouvelle hypothèse cosmogonique: l'atome primitif de Georges Lemaître», *Sophia*, Padoue, abril-junho de 1948.

«Sur une certaine analogie entre l'axiome du choix et le principe de Pauli", *Revue Philosophique*, Paris: PUF, abril-junho de 1951.

«L'axiome du choix, le principe de Pauli et le phénomène vital», comunicado ao Congresso Internacional de Filosofia das Ciências, Paris, 1949, resenhas publicadas por Hermann, Paris, 1951.

«Énergie et finalité», em Actes do XIe Congres International de Philosophie

«Philosophie et méthodologie des sciences de la nature», Bruxelas, 20-26 de agosto de 1953; Amsterdã e Louvain, North Holland Publishing Company e Éditions E. Nauwelaerts, 1953.

«Des enseignements que l'expérience biologique apporte aux sciences physico-chimiques», em Actes du Congres de Luxembourg, 72ª sessão da Associação Francesa pelo Avanço das Ciências, julho de 1953.

«Quelques aperçus sur la logique dynamique du contradictoire / A Few Notes on the Dynamic Logic of the Contradictory», *Paris Review – US Lines*, Paris, 1953, sob a direção de Georges Mathieu, caderno central com contribuições de Louis de Broglie, Norbert Wiener, Serge Lifar, A. Rolland de Renéville, *et al.*

"Réponse au questionnaire d'André Breton", em A. Breton, *L'art magique*, em colaboração com Gerard Legrand, Paris: Club Français du Livre, !957, p. 76-77.

«Les trois matières», *Les Lettres Nouvelles*, nº 48, Paris, abril de 1957.

«Microphysique et matière psychique», I e II, *NRF*, nº 63, Paris, 1º de março de 1958 e nº 64, 1º de abril de 1958.

"Quelques considérations générales sur la peinture 'abstraite' à propos des toiles de Benrath", em Julien Alvard e Stéphane Lupasco, *Benrath*, Lyon: À la Tête d'Or, e New York: George Wittenborn Inc., 1959 (reedição do prefácio no catálogo para a exposição de Frédéric Benrath, Paris, Galerie Prismes, 1956); o texto de Stéphane Lupasco foi publicado separadamente, em fascículos, por Babel Éditeur (Mazamet), em 1985, com 20 exemplares enriquecidos por uma água-forte de Benrath e 200 exemplares incluindo a reprodução de uma tela de Benrath; esse texto foi, em seguida, publicado com o título *Sur la peinture abstraite*, Mazamet, Babel Éditeur, 1992.

"Le principe d'antagonisme et l'art abstrait", *Ring des Arts*, Zurique: Cercle d'Art Contemporain, 1960, ilustrações de Georges Mathieu, com contribuições de Jean-François Revel, Pierre Restany, Abraham Moles, Georges Mathieu, Alain Bosquet *et al.*

«L'axiome du choix, le principe de Pauli et le phénomène vital», *Lettre Ouverte*, nº 1, Paris, dezembro de 1960, p. 11-17.

"Appel, peintre de la vie", *XXe Siècle*, nova série nº 17, "The great adventure of modern art", suplemento "Chroniques du jour", dezembro de 1961, com capa de Marc Chagall e uma litografia original de Karel Appel; texto republicado no catálogo da exposição *Karel Appel, Reliefs 1966-1968*, CNAC, Paris, 1968.

"Systémologie et cosmogonie", *Arguments*, nº 24 – «Le problème cosmologique», Paris, 4º trimestre de 1961.

«Henri Michaux et la folie», *L'Observateur Littéraire*, Paris, 17 de agosto de 1961.

«Cybernétique et système vital», *Lettre Ouverte*, nº 4, Paris, verão de 1962, p. 54-64.

«L'énergie et la matière vivante», *Revue de l'Enseignement Supérieur*, nº 3, Paris, 1964.

«Vers les fondements d'une psycho-architecture», *Melpomene*, nº 16. Paris, dezembro de 1964.

"Michaux et la folie", *Cahiers de l'Herne*, Raymond Bellour (dir.), "Henri Michaux", 1966, p. 96-99.

"Sobre algunas palabras clave de la filosofia", *Sur*, nº 301, julho-agosto de 1966, p. 78-96.

«La logique de l'événement», *Communications*, nº 18, Paris, 1972.

«Logique algébrique», *Club Français de la Médaille*, nº 53, Paris, 1976.

«Prolégomènes neuropsychiques au problème de toute connaissance», *Agressologie*, vol. 21, nº 4, Paris, 1980.

"Dali et/ou le sous-réalisme", em Alain Jouffroy (dir.), *Hommage à Dali*, Paris: Vilo, 1980, p. 117-118.

"Dali and sub-realism", *XXe Siècle*, número especial, "Hommage to Salvador Dali", 1980, p. 117-118.

«Une nouvelle logique de l'entendement», *3e Millénaire*, nº 2, Paris, maio-junho de 1982.

«L'énergétique sociologique», *3e Millénaire*, nº 4, Paris, setembro-outubro de 1982.

"La connaissance de la connaissance", *3e Millénaire*, nº 6, Paris, janeiro-fevereiro de 1983.

«Systémologie et structurologie», *3e Millénaire*, nº 7, Paris, março-abril de 1983.

"Processus cognitifs et cybernétiques affectives de la pathologie mentale: schizophrénie, cyclothymie, mélancolie", *Agressologie*, vol. 24, nº 1, Paris, 1983.

«La topologie énergétique», *La liberté de l'esprit*, nº 12, «Pensées hors du rond», Paris: Hachette, junho de 1986, com contribuições de Raymond Abellio, Marc Beigbeder, Olivier Costa de Beauregard, Gilbert Durand e Aimé Michel.

Colóquios dedicados à obra de Stéphane Lupasco

Colóquio-debate sobre a obra de Stéphane Lupasco, 24 de abril de 1982, Paris, Université de Paris I, Panthéon-Sorbonne, organizado pela Association Hypérion e pela revista *3e Millénaire,* com a participação de René Huyghe (da Academia Francesa), Marc Beigbeder, Jacques Costagliola, Basarab Nicolescu, Michel Random e Stéphane Lupasco.

Jornadas de estudos sobre a lógica antagonista de Lupasco. "Pour un apprentissage du contradictoire", 25-27 de novembro de 1983, Maison Internationale de la Cité Universitaire, Paris, organizadas pela Associação Francesa de Psicologia Humanista, com a participação de Basarab Nicolescu, Georges Guelfand, Yves Prigent, Philippe Girod, Bruno Totvanian, Louis Deurieu, Jean Delor e Stéphane Lupasco.

Simpósio *Stéphane Lupasco,* 24 de setembro de 1993, Academia Romena, Bucareste, organizado pela Academia Romena, com a participação de Alde Lupasco-Massot e dos acadêmicos romenos Mihai Draganescu, Alexandru Surdu, Ilie Parvu, Nicolae Ionescu-Pallas e Victor Sahleanu.

Congresso Internacional *Stéphane Lupasco – L'Homme et l'oeuvre,* 13 de março de 1998, Académie des Inscriptions et Belles-Lettres, Sala Hugot, Paris, organizado por: Centro Cultural Romeno, Serviço Cultural da Embaixada da Romênia na França, Centro Internacional de Pesquisas e Estudos Transdisciplinares (CIRET), com o apoio da Académie des Inscriptions et Bellles-Lettres; com a participação de Alde Lupasco-Massot, Georges Mathieu (Membro do Instituto), Michel Camus, Yves Durand, André de Peretti, Georges Lerbet, Petru Ioan, Dan Haulica, Costin Cazaban, Gilbert Durand, Basarab Nicolescu, Mikhael Finkenthal, Dominique Temple, Vasile Sporici, Michel Random, Olivier Costa de Beauregard, Mireille Chabal e Paul Ghils.

Programas de televisão

Interrogations – la matiere et la vie, 29 de junho de 1975, TF1, França, realizado por Denis Huisman e Marie-Thérèse Malfrey, com a participação de Maurice Lamy, Ernest Kahane, François Dagognet, Stéphane Lupasco e Laurent Citti.

Les mille et une visions de Dali, 19 de fevereiro de 1978, A2, França, realizado por Brigitte Derenne e Robert Descharnes, com a participação de Salvador Dali, Stéphane Lupasco e André Robinet.

Livros, dicionários e revistas que se referem a Lupasco

Benjamin Fondane, "Le lundi existentiel et le dimanche de l'histoire", em Albert Camus, Benjamin Fondane, Maurice de Gandillac, Étienne Gilson, Jean Grenier, Louis Lavelle, René le Senne, Brice Parain, Alfred de Waelhens, *et al.*, *L'existence,* Paris: Gallimard, col. "Métaphysique", 1945, p. 41-42.

Benjamin Fondane, *Baudelaire et l'expérience du gouffre,* prefácio de Jean Cassou, Paris: Seghers, 1947, p. 329-330.

André Breton, *Anthologie de l'humour noir,* Paris: Sagittaire, 1950, artigo sobre Jean-Pierre Duprey, p. 345.

"André Breton, interview de Jose M. Valverde", *Correo Literário,* setembro de 1950.

André Breton, *Entretiens (1913-1952),* Paris: Gallimard, col. "Le Point du Jour", 1952, p. 283, 296-297, 308.

Eugène Ionesco, *Victimes du devoir,* em *Théâtre,* vol. I, Paris: Gallimard, col. "Blanche", 1954, p. 204-205; peça encenada no Théâtre du Quartier Latin, em fevereiro de 1953, com direção de Jacques Mauclair.

Jacques Masui, *Yoga. Science de l'homme integral,* Marseille: Cahiers du Sud, 1953, p. 300.

George Melhuish, *The Paradoxical Universe,* Bristol: Rankin, 1959.

Eugène Ionesco, *Notes et contre-notes,* Paris: Gallimard, col. "Pratique du Théâtre", 1962, p. 202.

Wylie Sypher, *Loss of the Self in Modern Literature and Art,* New York: Random House, 1962, p. 99-106, 178.

Bernard Morel, *Dialectiques du mystère,* Paris: La Colombe, 1962.

Georges Mathieu, *Au-delà du tachisme,* Paris: Julliard, 1963, p. 89, 90, 157, 164-171, 196, 200, 203, 204, 267.

Gilbert Durand, *L'imagination symbolique,* Paris: PUF, 1964, p. 89, 92, 110.

Alain Jouffroy, *Une révolution du regard,* Paris: Gallimard, 1964, p. 85.

La Tour de Feu, Cahier 85, "Être ou ne pas être avec Lupasco", março de 1965.

Henri Michaux, *Connaissance par les gouffres,* Paris: Gallimard, 1967, p. 29.

Eugène Ionesco, *Journal en miettes*, Paris: Mercure de France, 1967, p. 62.

Denis de Rougemont, *Les mythes de l'amour*, Paris: Gallimard, 1967, p. 267.

Nicolas Schöffer, *La ville cybernétique*, Paris: Tchou, 1969, p. 109, 118.

Gilbert Durand, *Les structures anthropologiques de l'imaginaire*, Paris: Bordas, 1969.

Anton Dumitriu, *Istoria logicii*, Bucarest: Editura Didactica si Padagogica, 1969, p. 522-523.

Jean-Paul Aron, *Essais d'épistémologie biologique*, Paris: Christian Bourgois, 1969, p. 63, 64, 67.

Noel Arnaud, *Les vies parallèles de Boris Vian*, Paris: UGE, col. "10/18", 1970, p. 472.

Solomon Marcus, *Poetica matematica*, Bucarest: Academiei, 1970, p. 355.

Gaston Bachelard, *L'engagement rationaliste*, Paris: PUF, 1972, p. 61, 71, 72.

Marc Beigbeder, *Contradiction et nouvel entendement*, Paris: Bordas, col. "Bordas Études", 1972.

Jean-Jacques Daetwyle, *Sciences et arts*, Genève: La Baconnière, 1972, p. 129, 133, 135.

Mircea Eliade, *Fragments d'un journal*, tradução de L. Badesco, Paris: Gallimard, 1973, p. 15, 217 (s. d. ~ 1953).

Georges Guelfand, Roland Guenoun e Aldo Nonis, *Les tribus éphémeres. Une expérience de groupe*, fotografias de Philippe Fresco, Paris: EPI, 1973.

Solomon Marcus, *Matematische Poetik*, Francfort-sur-le-Main: Athenaeurn, 1973, p. 402.

Louis-Vincent Thomas, *Anthropologie de la mort*, Paris, Payot, 1975, p. 18-20.

Gérard Moury, Stéphane Lupasco. *Pour une nouvelle logique: la logique dynamique du contradictoire*, Paris: Institut National de Recherche et de Documentation Pédagogiques,1976.

Edgar Morin, *La méthode*, vol. I, *La nature de la nature*, Paris: Seuil, 1977, p. 64, 66,99.

Francis Ponge, *Comment une figue de paroles et pourquoi*, Paris: Flammarion, 1977, p. 18.

Marc Beigbeder, *Portrait de dieu*, Paris: Robert Morel, 1978, p. 46, 66, 261, 263, 285.

Vasile Tonoiu, *Dialectica si relativism – Ideea de referential,* Bucarest: Editura Stiintifica si Enciclopedica, 1978.

Eugène Ionesco, *Un homme en question,* Paris: Gallimard, 1979, p. 102.

Boris Vian, *Traité du civisme,* Paris: Christian Bourgois, 1979; e Paris: LGF, col. "Livre de poche", 1996, p.100.

Yves Barel, *Le paradoxe et le système,* Grenoble: Presses Universitaires de Grenoble,1979.

Gilbert Durand, *Figures mythiques et visages de l'oeuvre,* Paris: Berg International, 1979, p. 36, 68, 69.

Jean Duvignaud (dir.), *Sociologie de la connaissance,* Paris: Payot, 1979, p. 282.

Marc Beigbeder, "Un fil d'Ariane entre Abellio et Lupasco", *Cahiers de l'Herne,* nº 36, col. "Raymond Abellio", 1979.

René Huyghe, *De l'art à la philosophie. Réponses à Simon Monneret,* Paris: Flammmarion, 1980, p. 26, 156, 157.

Gilbert Durand, *L'âme tigrée,* Paris: Denoël et Gonthier, 1980, p. 7, 36, 55.

Michel Maffesoli (dir.), *La galaxie de l'imaginaire. Dérive autour de l'oeuvre de Gilbert Durand,* Paris: Berg lnternational, 1980, p. 56, 63, 68.

Paul Ghils, *Language and Thought: A Survey of the Problem,* New York: Vantage Press, 1980, p. 34-49.

Mircea Eliade, *Fragments d'un journal,* vol. II, *1970-1978,* trad. C. Grigorescu, Paris: Gallimard, 1981, p. 240.

André de Peretti, *Du changement à l'inertie. Dialectique de la personne et des systèmes sociaux,* Paris: Dunod, 1981, p. XIV, XVI, 27, 137.

Psychologie humaniste, nº 23, "Stéphane Lupasco. La logique antagoniste et ses possibilités d'application en psychothérapie et dans l'intervention en entreprise", contribuições de S. Lupasco, B. Nicolescu, M. Beigbeder e P. Girod, 1983.

Georges Mathieu, *L'abstraction prophétique,* Paris: Gallimard, col. "Idées", 1984, p.317-332.

Gilbert Durand, *La foi du cordonnier,* Paris: Denoël, 1984, p. 128.

Gilbert Durand, *Beaux-arts et archétypes,* Paris: PUF, 1984, p. 118, 120, 269.

Solomon Marcus, *Paradoxul,* Bucarest: Editura Albatros, 1984, p. 89-99, 103-110.

Basarab Nicolescu, *Nous, la particule et le monde,* Paris: Le Mail, 1985, cap. "La genèse trialectique de la Réalité"; 2ª ed., Monaco: Rocher, col. "Transdisciplinarité", 2002, p. 78, 89, 109, 115, 116, 168, 196, 207-239, 251, 290, 299, 300-303, 305, 316. *Nós, a particula e o universo,* trad. Isabel Debot, Lisboa: Esquilo, 2005, publicado no contexto do Ano Internacional da Física; *Noi, particula si lumea,* trad. Vasile Sporici, Iasi: Polirom, 2002; 2ª ed., Iasi: Junimea, 2007.

Georges Banu, *Brook, Les voies de la création théâtrale,* vol. XIII, Paris: Éditions du CNRS, 1985, p. 148,150.

Michel Random, *La tradition et le vivant,* Paris: Le Félin, Col. "Science et connaissance", 1985. Livro dedicado «A Stéphane Lupasco e a Basarab Nicolescu que reencontram através da ciência e do coração o conhecimento esquecido".

Michel Maffesoli, *La connaissance ordinaire,* Paris: Librairie des Méridiens, 1985, p. 25, 124, 141.

G. Yvette Thomas, *Au seuil d'un nouveau paradigme. Le baroque à la lueur des théories lupasquiennes,* New York: Peter Lang, 1985.

Solomon Marcus, *Timpul,* Bucarest: Editura Albatros, 1985, p. 7, 129, 146-164.

Solomon Marcus, *Arta si stiinta,* Bucarest: Editura Eminescu, 1986, p. 189.

Ida Rabinovitch, *Le psychisme, une énergie fondamentale,* vol. I, *Les bases du psychisme,* vol. II, *La science et le divin,* Paris: Présence, 1987 e 1989.

Basarab Nicolescu, *La science, le sens et l'évolution. Essai sur Jakob Boehme,* Paris: Le Félin, 1988; 2ª ed., *L'homme et le sens de l'univers. Essai sur Jakob Boehme,* Paris: Philippe Lebaud, 1995, p. 45, 98; *Science, Meaning and Evolution. The Cosmology of Jakob Boehme,* trad. R. Baker, New York: Parabola Books, 1991; *Stiinta sensul si evolutia. Eseu asupra lui Jakob Böhme,* trad. A. Batali, Bucarest: Editura Eminescu, 1992; 2ª ed., Bucarest: Vitruviu, 2000; 3ª ed., Bucarest: Cartea Romaneasca, 2007; *Ciência, sentido & evolução. A cosmologia de Jakob Boehme,* trad. A. Sommerman, São Paulo: Attar, 1995.

Georges Lerbet, *L'insolite développement. Vers une science de l'entre-deux,* Paris: Éditions Universitaires, 1988.

Basarab Nicolescu, "Stéphane Lupasco (1900-1988)", em *Encyclopaedia Universalis,* Paris: Universalia, 1989, seção "Vies et portraits".

Maurice Merleau-Ponty, Le primat de la perception et ses conséquences philosophiques, Paris: Cynara, 1989, p. 7, 84, 85.

Basarab Nicolescu, "Stefàn Lupascu (Stéphane Lupasco)", em *Antologia asociatiilor si personalitatilor culturale romanesti din exil,* San Diego: Institut de Recherches Historiques de Californie, 1990.

Jean-Jacques Wunenburger, *La raison contradictoire. Sciences et philosophie modernes: la pensée du complexe,* Paris: Albin Michel, 1990, p. 206-210, 236.

Eugène Ionesco, *Théâtre complet,* Paris: Gallimard, 1991, p. CI, 242, 1500, 1700.

Jacques Mauclair, *Discours au cours de la Troisième Nuit des Molières,* organizada no Teatro do Châtelet – Paris, em 7 de maio de 1989, em Eugène Ionesco, *Théâtre complet,* Paris: Gallimard, 1991, p. CI.

Michel Ragon, *J'en ai connu bien des équipages,* Paris: Jean-Claude Lattès, 1991, p. 131, 199.

Dominique Terré-Fornacciari, *Les sirènes de l'irrationnel,* Paris: Albin Michel, 1991.

Basarab Nicolescu, "Stéphane Lupasco (1900-1988)", em *Les oeuvres philosophiques. Dictionnaire,* Paris: PUF, col. "Encyclopédie Philosophique Universelle",1992.

Lucien Sfez, *Critique de la communication,* Paris: Seuil, col. "Essais", 1992, p. 272.

Costin Cazaban, "Temps musical. Espace musical comme fonctions logiques", em H. Dufourt, J.-M. Fauquet e F. Hurard (dir.), *L'esprit de la musique. Essais d'esthétique et de philosophie,* Paris: Klincksieck, 1992, p. 301-314.

Basarab Nicolescu, "Stefan Lupascu (Stéphane Lupasco)", em *Romani in Stiinta si cultura occidentala,* Davis (Cal.), American-Romanian Academy of Arts and Sciences, 1992.

Constantin Noïca, *Simple introduceri la bunatataea timpului nostru,* Bucarest: Humanitas, 1992.

Dumitru Constantin Dulcan, *Inteligenta materiei,* Bucarest: Teora, 1992, p. 277.

Françoise Bonardel, *Philosophie de l'alchimie. Grand oeuvre et modernité,* Paris: PUF, 1993, p. 433.

Thierry Magnin, *Quel Dieu pour un monde scientifique?,* Paris: Nouvelle Cité, 1993, p. 83, 84, 117.

Academica, revista da Académie Roumaine, n° 12 (36), outubro de 1993, estudos de Mihai Draganescu, Ilie Parvu, Fanus Bailesteanu, Nicolae Ionescu-Pallas (em romeno).

Basarab Nicolescu, *Théorèmes poétiques,* Monaco: Rocher, 1994, p. 7, 11,

282; *Teoreme poetice*, trad. de L. M. Arcade, Bucarest: Cartea Romaneasca, 1996; 2ª ed., Iasi: Junimea, 2007.

Antoine Faivre, *Access to Western Esotericism*, New York: State University of New York Press, 1994, p. 44, 47, 288, 291, 292.

Petru Ioan, *Orizonturi logice*, Bucarest: Editura Dialectica si Pedagogica, 1995.

Dominique Temple e Mireille Chabal, *La réciprocité et la naissance des valeurs humaines*, Paris: L'Harmattan, 1995, p. 153.

Basarab Nicolescu, *La transdisciplinarité. Manifeste*, Monaco: Rocher, 1996, p. 44, 45; *Manifesto of Transdisciplinarity*, trad. K-C. Voss, New York: State University of New York Press, 2002; *Manifesto da Transdisciplinaridade*, trad. Bardus, Lisboa: Hugin, 2000; *La transdisciplinarité. Manifeste*, trad. em árabe D. Avghérinos, Damas: Librairie Isis, col. "Afaq", nº 2, 2000; *Transdisciplinaritatea. Manifest*, trad. H. M. Vasilescu, Bucarest: Poliram, Col. "Plural», 1999; 2ª ed., Iasi: Junimea, 2007; *O Manifesto da Transdisciplinaridade*, trad. Lucia Pereira de Souza, São Paulo: TRIOM, 1999; 2ª ed., 2001; 3ª ed., 2005.

Dominique Violet, *Paradoxes, autonomie et réussites scolaires*, Paris: L'Harrmattan, 1996, p. 102, 131, 191.

Basarab Nicolescu, "Levels of complexity and levels of reality", em Bernard Pullman (dir.), *The Emergence of Complexity in Mathematics, Physics, Chemistry, and Biology*, Proceedings of the plenary session of the Pontifical Academy of Sciences, 27-31 outubro de 1992, Vaticano, Pontificia Academia Scientianun, 1996 (distribuído por Princeton University Press).

Michel Random (dir.), *La pensée transdisciplinaire et le réel*, Paris: Dervy, 1996. *O Pensamento Transdisciplinar e o Real*, trad. Lucia Pereira de Souza, São Paulo: TRIOM, 2000.

Henri Tracol, *La vraie question demeure. G. I. Gurdjieff: un appel vivant*, Paris: Éolienne, 1996, p. 70-73.

Benjamin Fondane, *Le voyageur n'a pas fini de voyager*, Paris e Toulouse: Paris-Méditerranée e L'Éther Vague-Patrice Thierry, 1996, p. 183-185.

Basarab Nicolescu, "Stéphane Lupasco: l'unité ternaire de la réalité ou la genèse trialectique de la réalité", em M. Random (dir.), *La pensée transdisciplinaire et le réel*, Paris: Dervy, 1996, p. 261-276.

Antoine Faivre, *Accès de l'ésotérisme occidental*, Paris: Gallimard, 1996, vol. I, p. 44, 358-360, 368, vol. II, p. 355, 357, 358.

Gilbert Durand, *Champs de l'imaginaire*, Grenoble: Ellug, 1996, textos reunidos por Danièle Chauvin, p. 76, 112, 164, 238.

Basarab Nicolescu, "Stéphane Lupasco: notice biographique", em M. Random (dir.), *La pensée transdisciplinaire et le réel,* Paris: Dervy, 1996, p. 292-294.

Marc-Williams Debono, *L'ère des plasticiens,* Saint-Étienne: Aubin, 1996, p. 31-40, 228-255.

José Anes, *Re-criações herméticas. Ensaios diversos sob o signo de Hermes,* Lisboa: Hugin, 1996, p. 103-119; 2ª ed., 2004, vol. 2, p. 197-209, 211-222, 233-239.

Correspondance de Benjamin et Geneviève Fondane avec Jacques et Raïssa Maritain, Paris, Paris-Méditerranée, 1997, textos reunidos e comentados por Michel Carassou e René Mougel, prefácio de Michel Carassou, p. 12, 35, 126, 207.

René Barbier, *L'approche transversale. L'écoute sensible en sciences humaines,* Paris: Anthropos, 1997, p. 164, 24l.

EIizabeth Teissier, *Sous le signe de Mitterrand. Sept ans d'entretiens,* Paris: Édition nº 1, 1997, p. 228-229.

José Anes, *Re-criaçoes herméticas,* 2ª ed., Lisboa: Hugin, 1997, p. 112-113.

"Simone Boué, Interview par Norbert Dodille", em Norbert Dodille e Gabriel Liiceanu (dir.), *Lectures de Cioran,* Paris: L'Harmattan, 1997, p. 14-15.

Mihai Sora, "L'autre Cioran", em Norbert Dodille e Gabriel Liiceanu (dir.), *Lectures de Cioran,* Paris: L'Harmattan, 1997, p. 69.

Benjamin Fondane et les Cahiers du Sud. *Correspondance,* organizado por Monique Jutrin, Gheorghe Has e Lon Pop, introdução de Monique Jutrin, Bucarest: Éditions de La Fondation Cultureile Roumaine, 1998, p. 9, 16, 18,211, 222, 265, 267-269, 271, 274, 277, 317.

Basarab Nicolescu, "Gödelian aspects of nature and knowledge", em G. Altmann e W. A. Koch (dir.), *Systems: New Paradigms for the Human Sciences,* Berlin e New York: Walter de Gruyter, 1998, p. 388, 402.

Solomon Marcus, "No system can be improved in alL respects", em G. Altmann e W. A. Koch (dir.), *Systems: New Paradigms for the Human Sciences,* Berlin e New York: Walter de Gruyter, 1998, p. 146, 163.

Basarab Nicolescu, "Levels of representation and Levels of reality: towards an ontology of science", em Niels H. Gregersen, Michael W. S. Parsons e Christoph Wassermann (dir.), *The Concept of Nature in Science and Theology* (parte ll), com colaboração de Michel Camus, Thierry Magnin e Karen--Claire Voss, Geneve: Labor et Fides, 1998, p. 94-103.

Maurice Couquiaud, *L'étonnement poétique. Un regard foudroyé,* Paris:

L'Harmattan, 1998, p. 103, 104.

Basarab Nicolescu, "Stéphane Lupasco (1900-1988)", em *Dictionnaire des philosophes,* Paris: Encyclopaedia Universalis e Albin Michel, 1998.

Dominique Terré, *Les dérives de l'argumentation scientifique,* Paris: PUF, 1998.

Benjamin Fondane, *L'être et la connaissance. Essai sur Lupasco,* prefácio de Michel Finkenthal, Paris: Paris-Méditerranée, 1998; *Fiinta si cunoasterea,* tradução, notas e posfácio de Vasile Sporici, Lasi: Editura Stefan Lupascu, 2000.

Georges Mathieu, *Désormais seul en face de Dieu,* Lausanne: L'Âge d'Homme, 1998, p. 33, 39, 131, 132, 174-176, 179, 180, 184, 222, 267-272, 275, 300, 303, 313, 320.

Thierry Magnin, *Entre science et religion. Quête de sens dans le monde présent,* prefácio de Basarab Nicolescu, posfácio de Henri Manteau-Bonamy, Monaco: Rocher, col. "Transdisciplinarité", 1998, p. 59-63, 87, 97,153.

Basarab Nicolescu et Horia Badescu (dir.), *Stéphane Lupasco. L'homme et l'oeuvre,* Monaco: Rocher, col. "Transdisciplinarité", 1999; *Stéphane Lupasco. O Homen e a Obra,* trad. Lucia Pereira de Souza, São Paulo: TRIOM, 2001.

Georges Guelfand, *Paroles d'images: les méthodes projectives appliquées aux études marketing,* Levallois-Perret: Gaëtan Morin, 1999, p. 18, 22, 88,161.

André de Peretti, *Energétique personnelle et sociale,* Paris: L'Harmattan, 1999, p. 29, 60, 85, 89-94, 97-99, 112.

Basarab Nicolescu, "Hylemorphism, quantum physics and levels of reality", em Demetra Sfendoni-Mentzou (dir.), *Aristotle and Contemporary Science,* vol. I, New York: Peter Lang, 2000, p. 173-184.

Jean-François Malherbe, *"Jeux de langage" e "Tiers inclus". De nouveaux outils pour l'éthique appliquée,* Sherbrooke: GGC Éditions, 2000, p. 18, 19.

Jean-François Malherbe, *Le nomade polyglotte. L'excellence éthique en postmoderrnité,* Montréal: Bellarmin, col. "L'essentiel", 2000, p. 183.

Chaoying Sun e Gilbert Durand, *Rabelais. Mythes, images, sociétés,* Paris: Desclée de Brouwer, 2000, p. 135.

Pompiliu Craciunescu, *Eminescu. Paradisul infernal fli Transcosmologia,* prefácio de Basarab Nicolescu, Iasi: Junimea, 2000, p. 35, 62, 64, 73-74, 77-78, 112-114, 136, 150, 165, 179.

Costin Cazaban, *Temps musical/espace musical comme fonctions logiques,* Paris: L'Harmattan, 2000.

José Anes, "L'ouverture et la médiation: du binaire au ternaire", em Groupe 21, *L'homme à venir*, Monaco: Rocher, col. "Mémoire du XXIe siecle", n° 2, 2000; "A abertura e a mediação: do binário ao ternário", em *O Homem do Futuro – Um ser em construção*, São Paulo, TRIOM/USP, 2002.

Petru Ioan, *Stefan Lupascu si cele trei logici ale sale*, Iasi: Editura Stefan Lupascu, 2000.

Basarab Nicolescu e Michel Camus, *Les racines de la liberté*, Paris: Accarias "L'originel", 2001, p. 27, 28, 38, 49-52, 72, 74; *Radacinile libertatii*, trad. Carmen Lucaci, Bucarest: Curtea Veche, 2004.

Marian Popa, *Istoria literaturii romane de azi pe maine*, Bucarest: Fundatia Luceafarul, 2001, vol. I, p. 204, 1192, 1197.

José Anes, "Esses nada que são tudo: o mito, o símbolo, o eu, a realidade...", em Mário Caeiro, *Lisboa, Capital do Nada*, Lisboa: Extramuros, 2001.

Petru Ioan (dir.), *Stefan Lupascu. Un ganditor pentru mileniul trei*, Iasi: Editura Stefan Lupascu, 2001.

Dumitru Constantin, *Somnul ratiunii*, Bucarest: Sinopsis, 2001.

Maurice Nadeau, *Une vie en littérature*, Paris: Complexe, 2002, p. 235, 288.

Georges Lerbet, *Dans le tragique du monde*, Paris: Éditions Maçonniques de France, 2002, p. 39, 95, 116, 184, 185, 189.

Monique Jutrin (dir.), *Rencontres autour de Benjamin Fondane, poète et philosophe*, Paris: Parole et silence, 2002, p. 6, 16, 21.

Françoise Bonardel, *La voie hermétique*, Paris: Dervy, 2002, p. 177.

Cassian Maria Spiridon, *Atitudini literare*, Bucarest: Cartea Romaneasca, 2002, vol. II, p. 23-27, 30-32, 35, 38, 226, 309, 315.

José Corti, *Souvenirs désordonnés (... -1965)*, Paris: UGE, col. "10/18", 2003, p. 52, 56.

Mathieu, 50 ans de création, Paris: Hervas, 2003, p. 39, 40, 53, 57, 67, 229, 235, 410, 496, 523, 524, 528, 530, 549, 590, 774.

Jean-Louis Revardel, *L'univers affectif. Haptonomie et pensée moderne*, Paris: PUF, 2003, p. 113, 270-275, 439, 441, 442.

Maurice Couquiaud, *L'horizon poétique de la connaissance*, Paris: L'Harmattan, 2003, p. 256.

Cassian Maria Spiridon, *Atitudini literare*, vol. III, *Ucenicia liberttii*, Bucarest: Cartea Romaneasca, 2003, p. 19, 32, 256.

Patrick Paul, *Formation du sujet et transdisciplinarité*, Paris: L'Harmattan,

2003; *Formação do sujeito e transdisciplinaridade: história de vida profissional e imaginal,* trad. Marly Segreto, São Paulo: TRIOM, 2009.

Pompiliu Craciunescu, *Strategiile fractale,* Iasi: Junimea, 2003, p. 7, 19, 46, 58, 115, 121, 123, 130, 139, 154, 158-160.

Simona Modreanu, *Le Dieu paradoxal de Cioran,* Monaco: Rocher, 2003, p. 124, 175.

Dominique Temple, *Teoria de la reciprocidad,* J. Medina e J. Michaux (dir.), La Paz: PADEP, 2003, vol. 1 (em colaboração com Mireille Chabal), *La reciprocidad y el nacimiento de los valores humanos,* p. 14, 128, 202; vol. 2, *La economia de reciprocidad,* p. 5, 8, 9, 10, 25-35, 37-56, 57-60, 161, 183-184, 196, 295, 298, 299, 400, 407; vol. 3, *El frente de civilización,* p. 443.

Colloque de Cerisy, "Raymond Abellio", Paris: Dervy, col. "Cahiers de l'Hermétisme", 2004, p. 242-245, 250, 314, 320, 321, 354, 430.

Neagu Djuvara, *Bucarest-Paris-Niamey et retour ou Souvenirs de 42 ans d'exil (1948-1990),* Paris: L'Harmattan, 2004, p. 41-42.

Petru Ioan, *Resemnificari,* vol. 1, *Logica, la confluenta cu hermeneutica,* Iasi. Editura Stefan Lupascu, 2004; vol. 2, *Prin logica, spre metafilosofie,* Iasi: Editura Stefan Lupascu, 2005.

Bartomeu Melià e Dominique Temple, *El don, la venganza y otras formas de economía guarani,* Asuncion de Paraguay: CEPAG, 2004, p. 103-104.

Marguerite Jean-Blain, *Eugène Ionesco, mystique ou mal-croyant?,* Bruxelles: Lessius, 2005, p. 63-64, 172.

Antonio Carlos Ritto, *Organizações Caordicas. Modelagem de Organizações Inovadoras,* Rio de Janeiro: Editora Ciência Moderna, 2005.

Georges Lerbet, *Le flou et l'écolier: la culture du paradoxe,* Paris: L'Harmattan, 2005, p. 12.

Solomon Marcus, *Paradigme universale,* Pitesti: Paralela 45, 2005, p. 122, 233, 260, 279, 292.

Solomon Marcus, *Intalnirea extremelor,* Pitesti,: Paralela 45, 2005, p. 38, 138, 176, 210, 214.

Petru Ioan, *Lucian Blaga in orizontul unei logici paradisiace,* Iasi: Editura Stefan Lupascu, 2005.

Elena Bondor, *Stefan Lupascu in perspectiva logicii "dialectice",* Iasi: Editura Universitatii Alexandru Ioan Cuza, 2005.

Neagu Djuvara, *Amintiri din pribegie,* Bucarest: Humanitas, 2005, p. 68-70, 128, 268; entre p. 336 e 337, fotografia de Stéphane Lupasco, com sua filha

Alde e Neagu Djuvara (agosto de 1975).

Cassian Maria Spiridon, *Eminescu, azi,* Iasi: Junimea, 2005, p. 186, 202, 204, 228.

Patrick Paul e Gaston Pineau (dir.), *Transdisciplinarité et formation,* Paris: L'Harmattan, 2005, p. 74, 211.

Georges Mathieu, *Le privilège d'être,* seguido de uma entrevista inédita com Christine Blanchet-Vaque, Paris: Complicités, 2006, p. 84.

Lima de Freitas, "Transdisciplinaridade", *Newton herético,* Lisboa: Esquilo, 2006, p. 40.

Jean-Jacques Wunenburger, *Imaginaires et rationalité des médecines altematives,* Paris: Les Belles Lettres, 2006, p. 261.

Cassian Maria Spiridon, *Aventurile tertului,* Iasi: Junimea, "Ananda", 2006, p. 11-19, 22, 24, 30, 38, 41, 42, 59, 67, 70, 72, 83, 120, 127, 133, 135-139.

Elena Bondor, "Logica dinamica a contradictoriului la Stefan Lupascu", em Alexandru Surdu si Dragos Popescu, *Istoria logicii romanesti,* Bucarest: Editura Tehnica, 2006, p. 361-383.

Joseph E. Brenner, "A transconsistent logic for model-based reasoning", Proceedings of the 2004 Pavia conference, em L. Magnani (dir.), *Model-Based Reasoning in Science and Engineering,* Londres: King's College, 2006, p. 357-364, 371-372.

Corin Braga, *De la arhetip la anarhetip,* Iasi: Polirom, 2006, p. 243 e seguintes.

Solomon Marcus, *Paradigme universale,* vol. 2, *Pornind de la un zambet,* Pitesti: Paralela 45, 2006, p. 97.

Jean-Louis Revardel, *Comprendre l'haptonomie,* Paris: PUF, 2007, p. 234, 240.

Michel De Caso, *Rectoversion et physique quantique,* Paris: Lelivredart, 2007, p. 6, 7, 23-27, 29-31, 33, 35, 36, 39-43, 62, 67-69, 71-74.

Gérard Gigand, *Ingénierie du regard transdisciplinaire. L'événement entre incomplétude, autoréférence et indétermination,* prefácio de Basarab Nicolescu, Paris: L'Harmattan, 2007.

Jacques Brenner, *Journal,* Paris: Pauvert, 2007, p. 74.

Gavin Parkinson, *Surrealism, Art and Modern Science: Relativity, Quantum Mechanics, Epistemology,* New Haven e Londres: Yale University Press, 2008, p. 259, 265, 266.

Françoise Bonardel, *Bouddhisme et philosophie*, Paris: L'Harmattan, 2008, p. 47.

Pompiliu Craciunescu, *Vintila Horia. Translittérature et réalité*, Veauche, L'homme indivis, 2008, p. 41, 108, 116-121, 123, 126, 127, 132, 193, 203, 207, 208.

Lima de Freiras, "Newton, físico-alchimista, precursor de la transdisciplinariedad", *Newton, profeta y alquimista*, Badajoz: Esquilo, 2008, p. 60.

Yves Durand, "Le niveau actanciel de l'imaginaire et sa modélisation", em Mircéala Symington e Béatrice Bonhomme (dir.), *Libres horizons. Pour une approche comparatiste. Lettres francophones. Imaginaire. Hommage à Arlette et Roger Chemain*, Paris: L'Harmattan, 2008, p. 367.

Dominique Temple, *Las estructuras elementales de la reciprocidad*, La Paz: Plural, 2008, p. 16, 82-89.

Maurice Couquiaud, *Chroniques de l'étonnement. De la science au poème*, introdução de Basarab Nicolescu, Paris: L'Harmattan, 2008, p. 27, 28, 67.

Joseph E. Brenner, *Logic in Reality*, Dordrecht: Springer, 2008, p. 52, 94, 111, 143, 171, 188, 196, 216, 233, 333.; *Lógica na Realidade*, trad. Dimas David Santos Silva e Vera Prada Maluf , São Paulo: TRIOM, 2012.

Basarab Nicolescu (dir.), *Transdisciplinarity. Theory and Practice*, Cresskill (N.J.): Hampton Press, 2008, p. 6, 20, 89, 97, 157, 159, 163, 174, 181.

Artigos que se referem a Lupasco

Constantin Noïca, "Filosofia lui Stefan Lupascu", *Revista Fundatiilor Regale*, n° 5, maio de 1936.

Gaston Bachelard, "Stéphane Lupasco: *L'expérience microphysique et la pensée humaine*", *Revue Philosophique*, n°s 10-12, 1942-1943, p.155-158

Benjamin Fondane, "D'Empédocle à Stéphane Lupasco ou 'La solitude du logique'", *Cahiers du Sud*, n° 259,1943.

Émile Rideau, "L'expérience microphysique et la pensée humaine", Centre d'Études et de Recherches de Science Religieuse, ficha bibliográfica, abril de 1943.

Ferdinand Gonseth, "À propos de deux ouvrages de M. Stéphane Lupasco", *Dialectica*, vol. 1, n° 4, 1947.

Jacques Fauve, *Chemins de la logique humaine*, Paris: Réforme, 1947.

Édouard Morot-Sir, "S. Lupasco, *Logique et contradiction*", *Revue des Sciences Humaines*, nº 49, janeiro-março de 1948.

Robert Amadou, "*Le principe d'antagonisme et la logique de l'énergie* de Stéphane Lupasco", *La Gazette des Lettres*, 15 de agosto de 1951.

André Breton, "Les artistes se soucient moins de beauté que de liberté", entrevista realizada por André Parinaud, *Arts*, 7 de março de 1952, p. 7.

Karel Appel, "Le philosophe Stéphane Lupasco", 1956 (coleção particular).

Salvador Dali, "Louis Aragon Dubreton", *Nation Française*, junho de 1959.

Alain Bosquet, "Stéphane Lupasco et les trois matières", *Combat*, 3 de novembro de 1960.

Claude Mauriac, "Un événement: *Les trois matières*", *Le Figaro*, 9 de novembro 1960.

Jean-François Revel, "*Les trois matières*", *France-Observateur*, 17 de novembro 1960.

Alain Bosquet, "Mes douze livres de 1960", *Combat*, 22 de dezembro de 1960.

Georges Mathieu, "*Les trois matières* vu par Mathieu", *Arts*, 3 de janeiro 1961.

Raymond Ruyer, "'Les trois matières' par Stéphane Lupasco", *L'Express*, 9 de fevereiro de 1961.

Jean-Paul Weber, "Les trois matières", *NRF*, nº 99, 1º de março de 1961.

Paul Serant, "La recherche philosophique contemporaine", *Revue des Deux Mondes*, 15 de abril de 1961.

Pierre de Boisdeffre, "Deux essais", *Revue de Paris*, junho de 1961.

André Thérive, "Les fins dernières", *Écrits de Paris*, julho de 1961.

Alain Bosquet, "Stéphane Lupasco", *Combat*, rubrica "Instantanés d'Alain Bosquet", 16 de outubro de 1962.

Hervé Falcon, "Les autres éteints", *L'Express*, 3 de janeiro de 1963.

Constantin Amariu, "La vraie 'révolution copernicienne' de Stéphane Lupasco", *La Nation Roumaine*, fevereiro-julho de 1963.

Alain Bosquet, "La science et l'art abstrait", *Combat*, 8 de outubro de 1963.

André Parinaud, "Connaissez-vous Lupasco?", *Arts*, 30 de outubro de 1963.

Theodor Cazaban, "Structura si structuralism", *Romania,* maio-junho de 1967.

Pierre Lévy, "Qu'est-ce qu'une structure?", *Revue Française de Psychanalyse,* n° 2, 1968.

André de Wissant, "*Qu'est-ce qu'une structure?*", *Sud-Ouest,* 11 de junho de 1968.

Pierre Chaleix, "De Lupasco à Marcuse", *La Tour de Feu,* Caderno 102, "Le socialisme à l'état sauvage", junho de 1969.

Vintila Horia, "Con Stéphane Lupasco sobre *Las Tres Materias*", *Tribuna Medica,* 17 de outubro de 1969.

Elizabeth Antébi, "Génie ou fumiste: Stéphane Lupasco", *Magazine littéraire,* n° 54, 1971.

Constantin Noïca, "Stefan Lupascu", Bucarest, Centre d'Information et Documentation en Sciences Sociales et Politiques, 1973.

Alain de Benoist, "L'énergie et la matière psychique", *Valeurs Actuelles,* de 2 à 8 de setembro de 1974.

Constantin Noïca, "Stefan Lupascu. Un mare ginditor al veacului", *Tribuna,* n° 35, 15 de abril de 1974.

Vintila Horia, "Con Stéphane Lupasco sobre materia y psique", *Tribuna Medica,* 6 de dezembro de 1974.

J. M. Atlani, "L'énergie et la matière psychique", *L'Évolution Psychiatrique,* n° 3, 1976.

Alain de Benoist, "L'oeuvre de Stéphane Lupasco", *Le Club Français de la Médaille,* n° 53, 1976.

André Guimbretière, "Iqbal aujourd'hui", *Le Monde,* 29 de dezembro de 1977.

Salvador Dali, *Le Monde,* 12-13 de fevereiro de 1978, p. 12.

Alain de Benoist, "Les dix livres qui ont fait avancer la pensée", *Le Figaro Magazine,* 22 de dezembro de 1978.

Jacques Costagliola, "Le principe d'antagonisme structurant de Lupasco", *Agressologie,* vol. 20, n° 1, 1979.

Jacqueline Renaud, "Science et politique", *Science et Vie,* outubro de 1979.

Vasile Sporici, "Fragmente din scrierile de estetica ale lui Stefan Lupascu", *Caietele Teatrului Dramatic Bacovia,* n° 33, 1979.

Vasile Sporici, "Interviul acordat de Stefan Lupascu revistei Planète", *Ateneu*, nº 140, dezembro de 1979.

Vasile Sporici, "Originalitatea gândirii lui Stefan Lupascu. Filozofia într-o vasta sinteza pluridisciplinara", *Contemporanul*, nº 40, 3 de outubro de 1980.

Pierre Solié, "Ouverture sur l'unité du monde", Cahiers de Psychologie Jungienne, nº 28, "Synchronicité. Correspondance du psychique et du physique", 1º trimestre de 1981.

Vasille Sporici, "Stefan Lupascu. Principiul antagonismului si logica energiei", *Cronica*, nº 30, 24 de junho de 1981.

Marie-Claude Dupré, "Sous l'échange, l'inceste. Brève relecture des 'Structures élémentaires de la parenté'", *L'Homme*, vol. XXI, nº 3, julho-setembro de 1981.

Vasile Sporici, "Insemnari despre gândirea filozofica a lui Stefan Lupascu", *Ateneu*, nº 3, junho de 1982.

Basarab Nicolescu, "Lupasco et la genèse de la Réalité", *3e Millénaire*, nº 3, julho-agosto de 1982, p. 36-47; "Stefan Lupascu si geneza realitãtii fizice", *Cuvântul Românesc*, julho de 1982.

Basarab Nicolescu, "Stefan Lupascu si geneza realitatii fizice", *Cuvântul Românesc*, julho de 1982.

Alexandra Rosu (L. M. Arcade), "Colocviul Stefan Lupascu", *Cuvântul Românesc*, julho de 1982.

Basarab Nicolescu, "Actualitatea filosofiei lui Stefan Lupascu", *Cuvântul Românesc*, junho de 1983.

Brigitte Ludwig, "S. Lupasco", *Nouvelle Acropole*, nº 72, 1983.

Jacqueline Barbin, "Journées d'études sur la logique antagoniste de Lupasco", *3e Millénaire*, nº 19, 1983.

Basarab Nicolescu, "Trialectique et structure absolue", *3e Millénaire*, nº 12, 1984.

L. M. Arcade, "Le refus et l'acceptation de l'histoire chez Lupasco et Cioran", *ARA Journal*, n°s 6-7, 1985.

Basarab Nicolescu, "Regrettables oublis", *3e Millénaire*, nº 18, janeiro-fevereiro de 1985.

Françoise Garoche, "L'analyse paradoxale: trialectique et système. Méthodologie de formation et d'évaluation", *Revue Française de Pédagogie*, nº 75, abril-maio-junho de 1986.

Vintila Horia, "Justificationes para un crepúsculo", *El Alcazar*, 20 e 27 de novembro de 1986.

Vasile Sporici, "Logica artei sau experienta estetica in gândirea lui Stefan Lupascu", *România Literara*, nº 9, 1986.

José Javier Esparza, "Stéphane Lupasco: el majo de las tres materias", *ABC*, 26 de setembro de 1987.

"La mort de Stéphane Lupasco: du binaire au ternaire, un révolutionnaire de la logique", telegrama da AFP, 10 de outubro de 1988.

"La mort du philosophe Stéphane Lupasco", *Le Monde*, 12 de outubro de 1988 (nota de falecimento).

Georges Mathieu, "La double mort de Lupasco", *Le Figaro*, 28 de outubro de 1988; republicado em Georges Mathieu, *Désormais seul en face de Dieu*, Lausanne: L'Âge d'Homme, 1998, p.174-176. No mesmo livro foi publicado o texto "Mon ami Lupasco", com o título "Dialogue avec Lupasco", p. 267-272.

Elena Solunca, "O inteleapta asumare a contradictoriului", *Contemporanul*, 28 de outubro de 1988.

Monique Jutrin, *Benjamin Fondane ou le périple d'Ulysse*, Paris: Nizet, 1989, p. 59.

Ida Rabinovitch, "Physicien et forgeron de l'outil logique. Hommage à Stéphane Lupasco", *Sources*, nº 22, junho-julho de 1989.

L. M. Arcade, "Stefan Lupascu ne-a parasit", *Cuvântul Românesc*, janeiro de 1989.

Basarab Nicolescu, "Les sources scientifiques de la philosophie de Stéphane Lupasco", *Phréatique*, nº 49 e *La tête dans les étoiles*, verão de 1989, p. 127-133.

Vasile Sporici, "Stefan Lupascu si avatarurile unei antologii", *Ateneu*, nº 4, abril de 1990.

Bernard Dugué, "Utilisation de la logique dynamique du contradictoire pour formaliser les systèmes: vers un paradigme ondulatoire en biologie?", *Revue Internationale de Systémique*, vol. 5, nº 4, 1991.

L. M. Arcade, "L'autre ciel chez Eminescu et Lupasco", *ARA Journal*, nº 15, 1991.

Vasile Tonoiu, "Stiinta si filozofie", *Academica*, nº 5, 1991.

Basarab Nicolescu, "Le tiers secrètement inclus", *Phréatique*, nº 58-59, 1991.

Ilke Angela Maréchal, "Roberto Juarroz ou la vision du troisième terme", *Phréatique*, n°s 58-59, 1991.

Atsushi Takahashi, "Du logique et de l'être chez Stéphane Lupasco", *The Review of Liberal Arts*, n° 83, 1992.

Georges Guelfand, "Une nouvelle approche qualitative de l'imaginaire de la consommation en Europe", *Revue Française du Marketing*, n°s 142-143, 1993.

Basarab Nicolescu, "Hommage à Stéphane Lupasco", *Rencontres Transdisciplinaires*, n° 1, março de 1994.

Georges Guelfand, "La transdisciplinarité en acte: société de consommation et imaginaire européen", *Rencontres Transdisciplinaires*, n°s 3-4, março de 1995.

Mihai Sora, "Emil Cioran, sau deschiderea catre Celalalt", *22*, n° 26, 28 de junho – 4 de julho de 1995.

Arsushi Takahashi, "La métaphore isomorphe entre science et gnose", *The Review of Liberal Arts*, n° 91, 1996.

Solomon Marcus, "Gr. C. Moisil, azi", *Academica*, n° 5, março de 1996.

Vasile Sporici, "Cine se teme de Stéphane Lupasco?", *Adevarul Literar si Artistic*, n° 343, 3 de novembro de 1996.

Edgar Reichmann, "La quête interrompue de Benjamin Fondane", *Le Monde des Livres*, 12 de julho de 1996.

Valentin Protopopescu, "Dimensiunea spirituala a patriotismului", *Apostrof*, n° 4, 1996.

Dominique Temple, "L'épreuve de non-force", *Phréatique*, n°s 78-79, 1996.

Tim Hodgkinson, "Notes from underground: an interview with Iancu Dumitrescu", *Resonance*, vol. 6, n° 1, dezembro de 1997.

Solomon Marcus, "Problema identitatii. Stéphane Lupasco la revista *3e Millénaire*", *Secolul 20*, n°s 10-12, 1997 e n°s 1-3, 1998, número especial "Exilul".

Ilie Pârvu, "Registrul interogatiei metafizice la Stefan Lupascu", *Secolul 20*, n°s 10-12, 1997 e n°s 1-3, 1998, número especial "Exilul".

Christian Delacampagne, "Loin de la raison. Gilles-Gaston Granger et Dominique Terré épinglent les 'dérives' de quelques scientifiques contemporains", *Le Monde des Livres*, 17 de julho de 1998.

Gaspard Olgiati, *Parole de passage ou Jean Paulhan le médiateur*, Troyes:

Cahiers Bleus / Librairie Bleue, 1998.

Petru Ioan, "Logica dinamica a contradictoriului în retrospectiva", *Cronica*, nº 8, 8 de agosto de 1998.

Vasile Sporici, "O propunere", *Sinteze*, nº 42, 23 de outubro de 1998.

Sanda Stolojan, "Exilul intelectual la Paris", *Memoria*, nº 25, 1998.

Basarab Nicolescu, "Fundoianu, Lupascu si felurita splendoare a fiintei", *Convorbiri Literare*, nº 1 (37), janeiro de 1999.

"Benjamin Fundoianu catre Stefan Lupascu", *Convorbiri Literare*, nº 1 (37), janeiro de 1999.

Vasile Sporici,"Stefan Lupascu: Universul psihic. Sfârsitul psihanalizei", *Convorbiri Literare*, nº 2 (38), fevereiro de 1999.

Vasile Sporici, "Prolegomene la o conceptie filosofica actuala", *Antares*, n°s 1-3, 1999.

Stefan Olteanu, "Franta omagiaza centenarul Stefan Lupascu", *Desteptarea*, 1º de julho de 1999.

Stefan A. Doinas, "Omagiu lui Stéphane Lupasco", *Curentul*, 9 de julho de 1999.

"Stéphane Lupasco. L'homme et l'oeuvre", *Adevarul*, 26 de julho de 1999.

Basarab Nicolescu, "Centenaire Lupasco", *Le Courrier du Centre Culturel Roumain*, n°s 21-22, novembro-dezembro de 2000, p. 10.

Pompiliu Craciunescu, "L'outre vie du vécu ou de la transhistoire", em Groupe 21, *Création et transcréation*, Mônaco: Rocher, col. "Mémoire du XXIe siècle", n°s 3-4, 2001, p. 139.

Thierry Magnin, "La philosophie morale, lieu d'un nouveau regard sur la création, entre science et religion", em Groupe 21, *Création et transcréation*, Mônaco: Rocher, col. "Mémoire du XXIe siècle», n°s 3-4, 2001, p. 147, 148, 158.

Mircea Sabau, "Stefan Lupascu, Filosof si interpret al stiintei si artei moderne", *Fizica si technologiile moderne*, vol. 1, nº 4, 2003.

Basarab Nicolescu, "Stéphane Lupasco et le tiers inclus. De la physique quantique à l'ontologie", *Revue de Synthèse*, vol. 126, nº 2, 2005, p. 431-441.

Solomon Marcus, "O paradigma universala: stanga-dreapta", *Secolul 21*, n°s 4-6, 2005, p. 16-27.

Joseph E. Brenner, "Process in reality: a logical offering", *Logic and Logical Philosophy*, nº 14, 2005, p. 165-178, 187-189.

Basarab Nicolescu, "Eseuri autobiografice (X) – Stéphane Lupasco si iumea artei", *Caiete Critice*, nº 5, 2006, p. 13-19.

Basarab Nicolescu, "Dialogul intrerupt: Fondane, Lupasco si Cioran", *Convorbiri literare*, nº 4, 2006, p. 20-24.

Basarab Nicolescu, "Stéphane Lupasco: du monde quantique au monde de l'art", *Transdisciplinarity in Science and Religion*, nº 1, 2007, p. 203-221.

Basarab Nicolescu, "Stéphane Lupasco et le monde de l'art", *Apozitia*, 2007, p. 280-288 (em romeno).

Basarab Nicolescu, "Stéphane Lupasco si lumea artei", *Contemporanul*, nº 3, março de 2007, p. 7-8 (em romeno).

Basarab Nicolescu, "Stéphane Lupasco. Du monde quantique au monde de l'art", *Mélusine*, nº XXVII, "Le surréalisme et la science", 2007, p. 181-196.

Teses de doutorado e outros trabalhos universitários dedicados (parcial ou inteiramente) à obra de Stéphane Lupasco

G. Yvette Thomas, *Au seuil d'un nouveau paradigme. Le baroque à la lueur des théories lupasquiennes*, tese de doutorado, Departamento de Estudos Franceses e Italianos, Universidade do Arizona, 1982.

Jean-Pierre Chevalier, *Le principe d'antagonisme de Stéphane Lupasco et ses implications psychologiques, littéraires et phénoménologiques*, dissertação, sob a direção de Edgar Morin, EHESS Paris, 1983.

Paul Ghils, *Langage et contradiction. Les structures du contradictoire dans la linguistique de Roman Jakobson*, dissertação, coordenada por F. Lowenthal, Faculdade de Ciências Psicopedagógicas, Université de L'État, Mons, 1988.

Costin Cazaban, *Temps musical / Espace musical comme fonctions logiques*, tese de doutorado, sob a direção de Costin Miereanu, UFR de Artes Plásticas e Ciências da Arte, Universidade Paris l–Panthéon–Sorbonne, 1993, Lille, Atelier de Reproduction des Thèses, Université de Lille 3.

Mireille Vial-Henninger, *Essai de mythe-analyse du processus de création musicale. Justification, méthode, application*, tese de doutorado em Musicologia, UFR de Música e Musicologia, sob a direção de Marie-Claire Beltrando--Patier, Universdade de Paris-Sorbonne (Paris IV), Septentrion Presses Universitaires, 1996.

Thierry Magnin, *L'importance de la philosophie morale dans le dialogue entre science et théologie*, tese de doutorado em Teologia, sob a direção de P. Louis Desrousseaux, Universidade Católica de Lille, Presses de l'Université de Lille, Lille, 1997.

Marie France Hureau, *Stéphane Lupasco et l'éducation pour la paix*, dissertação de mestrado, sob a direção de René Barbier, Faculdade de Ciências da Educação, Universidade Paris 8, 2005.

Elena Bondor, *Stefan Lupascu in perspectiva logicii "díalectice"* (Stéphane Lupasco na perspectiva da lógica "dialética"), tese de doutorado em Filosofia, sob a direção de Petru Ioan, Faculdade de Filosofia, Departamento de Lógica, Universidade Alexandre Ioan Cuza, Iasi, 2005.

Philippe Nicolas, *De l'enfant pêcheur et rêveur, à l'enfant devenu adulte, acteur du monde. Approche écologique et pensée de la complexité à partir d'une pratique éducative de plein air: vers une philosophie de l'homme relié*, tese de doutorado em Ciências da Educação, Universidade Paris 8, 2007.

Florentina Dascalu, *Experienta microfizica si filosofia lui Stefan Lupascu* (A experiência microfísica e a filosofia de Stéphane Lupasco), dissertação de licenciatura em Filosofia, sob a direção de Victor Voicu, Faculdade de História, Filosofia e Teologia, Universidade "Dunarea de Jos", Galati, 2008.

Olivier Penelaud, *L'opportunisme cognitif. De la conduite automobile à la psychologie cognitive*, tese de doutorado em Psicologia dos Processos Cognitivos, Universidade Paris 8, 2008.